# EASY CAKEPOPS!

KAY-HENNER MENGE

# EASY CAKEPOPS!

## Schnelle Kuchen am Stiel – ohne Backen

südwest

# *Inhalt*

# »Oh! Cakepops!!!«

Diesen freudigen Ausruf sollten Sie sich merken, denn den werden Sie von nun an häufig hören, wenn Sie die kleinen Kuchen am Stiel als Gastgeschenk mitbringen, auf Ihrer gedeckten Kaffeetafel stilvoll präsentieren oder Cakepops als modernen Geburtstagskuchen überreichen. Kurz: immer dann, wenn Sie mit bunten Akzenten aus dem Alltag einen Sonntag machen.
»Easy Cakepops« sind absolut unkompliziert in der Herstellung: Fertig gekaufte, zerbröselte Kuchen, Kekse oder Muffins werden mit Creme verknetet, zu Kugeln geformt, gekühlt, auf Stiele gesteckt und anschließend dekorativ verziert. Das kann wirklich jeder, und beim Verzieren sind Ihrer Fantasie keine Grenzen gesetzt!
Mit den »Easy Cakepops«-Rezepten in diesem Buch sind Sie anderen Cakepop-Fertigern einen entscheidenden Schritt voraus, denn hier werden als Basis ausschließlich Fertigkuchen oder anderes Gebäck aus dem Supermarkt verwendet. Das spart einiges an Zeit, und Sie können Ihr Augenmerk auf das Verzieren legen. Denn die Verzierung macht einen Cakepop ja aus!

## Hinweise zu den Rezepten

Bitte verstehen Sie die »Easy Cakepops«-Rezepte in diesem Buch als Anregungen. Lassen Sie Ihrer Fantasie bei der Dekoration der Stielkuchen freien Lauf.

Die Fertigkuchen verschiedener Hersteller fallen unterschiedlich aus. Daher ist es ratsam, sich an die Gewichtsangabe im Rezept zu halten. Ist der Inhalt der Verpackung höher als im Rezept, schneiden Sie vom Kuchen etwas ab. Geringere Inhalte können Sie einfach durch die Zugabe von neutralen Butterkeksen ergänzen. Arbeiten Sie nach dem Zerbröseln nicht gleich die gesamte Creme unter. Denn wenn die Kuchenmischung zu weich wird, lassen sich die Cakepops schlecht in Form bringen oder rutschen beim Glasieren von ihren Stielen.

## Selbst gebackene Kuchen und Kuchenkugeln

Wenn Sie den Kuchen für Ihre »Easy Cakepops« selbst backen möchten, finden Sie auf Seite 14/15 zwei leicht zuzubereitende Kuchenrezepte mit je einer Variante. Und wer sich das Abmessen der Zutaten sparen möchte, greift einfach auf seine Lieblingsbackmischung aus dem Supermarkt zurück. Im Haushaltswarenhandel oder im Internet finden Sie elektrische Geräte, mit denen Sie ganz einfach Kuchenkugeln selbst backen können. Die Geräte arbeiten ähnlich wie Waffeleisen. Achtung: Backen Sie die Cakepops nach den Rezepten des Herstellers. Für die »Easy Cakepops«-Rezepte werden grundsätzlich Fertigbackwaren verwendet.

## »Easy Cakepops« – Fragen & Antworten rund um die Produktion der kugeligen Kuchen am Stiel

### Was tun, wenn die Cakepop-Masse zu weich geraten ist?

Keine Sorge, die Masse lässt sich ganz einfach retten! Eine Möglichkeit: Sie mahlen Butterkekse oder Zwieback im Mixer zu Bröseln und arbeiten diese esslöffelweise unter, bis die richtige Konsistenz der Masse (siehe Seite 8) erreicht ist. Oder Sie mischen auf die gleiche Weise Semmelbrösel unter die zu weiche Masse.

### Was tun, wenn nur noch wenig Glasur im Topf ist?

Zunächst schaben Sie Glasurreste mit einem kleinen Teigschaber vom Rand zur Mitte des Topfes. Mithilfe des Schabers oder eines langstieligen Löffels können Sie nun die Glasur über die verbliebenen Kuchenlollis träufeln. Übrigens lassen sich so auch mögliche Lücken im Überzug Ihrer »Easy Cakepops« schließen.

### Wie trocknet Kuchenglasur am besten?

Die glasierten »Easy Cakepops« trocknen rundum gleichmäßig und vor allem unversehrt, wenn Sie beim Aufstellen in dem Styroporblock (o.Ä., siehe Seite 12) ausreichend Abstand lassen.

### Wie lange können Cakepops aufbewahrt werden?

Erfahrungsgemäß werden die Kuchenlollis nicht alt. Am besten bewahren Sie Ihre Backkunstwerke im Kühlschrank oder im kalten Keller auf. Dort sollten die Cakepops aber nicht länger als drei Tage verweilen. Zum Einfrieren sind Cakepops nicht geeignet, denn beim Auftauen würde die Glasur leiden. Im Voraus gerollte, unglasierte Kuchenkugeln können Sie im Kühlschrank mit Frischhaltefolie abgedeckt oder in fest schließenden Kunststoffdosen verpackt zwei Tage aufheben.

### Kann man restliche Cakepop-Glasur weiterverwenden?

Direkt nach der Cakepop-Produktion können Sie die übrige Glasur in ein Schraubdeckelglas füllen und offen abgekühlt verschlossen kalt stellen. Zur Wiederverwendung die Glasur im Glas in einem Wasserbad erneut erwärmen.

**Hilfreich**
**Weitere Tipps für Sie**

# *Easy Cakepops – Schritt für Schritt in Form gebracht*

Am besten lassen sich Cakepops zubereiten, wenn der Kuchen leicht gekühlt ist und die Zutaten für die Creme zimmerwarm sind.

**1** Zuerst wird der Kuchen zerbröselt: Dazu schneiden Sie den Kuchen in grobe Stücke und zerkleinern ihn am besten im Mixer fein weiter. Oder Sie bröseln ihn mit den Händen klein. Nun wird die nach dem jeweiligen Cakepop-Rezept zubereitete Creme erst mit einem Teigschaber oder Löffel, dann mit den Händen unter die Brösel gearbeitet.

**2** Die Kuchenmischung hat die richtige Konsistenz, wenn sie sich wie festes, aber formbares Knetgummi anfühlt. Damit Ihre Cakepops gleichmäßig groß werden, muss die Masse portioniert werden. Hilfreich ist hier eine digitale

Küchenwaage, auf der Sie 30-Gramm-Portionen abwiegen.

**3** Aus den Teigportionen rollen Sie nun mit den Händen glatte Kugeln. Geben Sie jetzt die gerollten Kuchenkugeln auf einem mit Backpapier ausgelegten großen Teller (oder einer Platte) für mindestens 1 Stunde in den Kühlschrank.
**Übrigens** Mit einer Kugelform (siehe Seite 13) erhalten Sie perfekte Teigbällchen.

**4** Während die Cakepops kühlen und fest werden, können Sie die Glasur schmelzen. Dann versehen Sie Ihre Cakepops portionsweise mit Stielen (die anderen Cakepops bleiben währenddessen im Kühlschrank): Tauchen Sie einen Stiel fingerbreit in die Glasur und stecken Sie ihn sofort ebenso tief in einen Cakepop. Dann lassen Sie den Cakepop kurz ruhen, damit die Glasur fest und so verhindert wird, dass sich der Cakepop beim Glasieren dreht oder vom Stiel rutscht.

**5** Jetzt werden die Cakepops einzeln mit Glasur überzogen: Fassen Sie den Kuchenlolli am Stiel, tauchen Sie ihn tief in die Glasur, bis er vollständig damit überzogen ist, dann lassen Sie die überschüssige Glasur abtropfen. Dabei halten Sie den Stiel in einer Hand und klopfen vorsichtig mit der anderen Hand auf die haltende Hand. Die glasierten Kuchenlollis stecken Sie zum Abkühlen und Trocknen in einen am besten mit Frischhaltefolie abgedeckten Styroporblock.

4

5

# Alles schön aus einem Guss – Kuchenlollis glasieren

Ihre »Easy Cakepops« sollen in erster Linie durch ihr auffallendes Aussehen bestechen. Dass sie dazu noch selbst gemacht sind und hervorragende innere Werte aufweisen, macht die trendigen Kuchen am Stiel zu etwas ganz Besonderem. Um Cakepops zu umhüllen, gibt es mehrere Möglichkeiten:

**Schnell & einfach**

## Mit Kuchenglasur

Eine tolle Erleichterung zum farbigen Überziehen von Cakepops und anderem Gebäck ist Kuchenglasur, die Sie im Supermarkt im Backregal finden. Inzwischen gibt es Glasur auch in unterschiedlichen Farben und in vielen verschiedenen Geschmacksrichtungen. Der Biss durch die süße Kuchenglasur ist weicher als durch einen knackigen Kuvertüreüberzug.

Wie Kuvertüre und Glasurlinsen (siehe Seite 11) ist auch Kuchenglasur fest, wenn Sie sie kaufen. Im Gegensatz zur Kuvertüre muss die Überzugmasse jedoch nicht gehackt werden, sondern wird einfach in einer Metallschüssel (siehe Seite 13) über einem warmen bis heißen Wasserbad (oder nach Packungsanweisung) geschmolzen. Um den Vorgang zu beschleunigen und damit die Glasur gleichmäßig schmilzt, können Sie sie mit einem kleinen Teigschaber aus Silikon gelegentlich vom Rand zur Mitte rühren. Das Ergebnis ist eine relativ dünnflüssige glatte Glasur, die auf den glasierten Cakepops schnell fest wird. Deswegen sollten Sie die Schüssel mit der Glasur über dem Wasserbad auf der ausgeschalteten Kochstelle stehen lassen, bis alle Cakepops überzogen sind. Grundsätzlich ist das Arbeiten mit Kuchenglasur gelingsicher, allerdings verträgt die Glasur keinen direkten Wasserkontakt. Und: Weiße Kuchenglasur lässt sich ganz einfach bunt färben (siehe Seite 11).

**Tipp** Bei Cakepops aus dunklem Teig und mit heller Kuchenglasur überzogen, kann es sein, dass die Teigmasse durchschimmert. Hier können Sie sich helfen, indem Sie entweder die getrockneten Cakepops ein zweites Mal mit Glasur überziehen oder ein Drittel der im Rezept angegebenen Glasurmenge durch die gleiche Menge gehackte Kuvertüre ersetzen.

**Praktisch & unkompliziert**

## Die Mischung macht's

Eine tolle Alternative zu einem reinen Überzug aus Kuchenglasur oder Kuvertüre ist eine

*Bevor die Glasur ganz fest wird, verzieren Sie Ihre Cakepops nach dem jeweiligen Rezept.*

Mischung aus beiden. Für diese Glasur wird zunächst die Kuchenglasur wie beschrieben geschmolzen. Anschließend wird in der flüssigen Glasur gehackte Kuvertüre aufgelöst. Vorteil: Es muss nicht temperiert werden, und der Biss durch die Glasur ist herrlich cremig und weniger süß als bei reiner Kuchenglasur.

**Tipp** Weiße Kuvertüre, Kuchenglasur oder eine Mischung daraus lassen sich mit fettlöslicher Lebensmittelfarbe aus dem Spezialitätenhandel bzw. via Internet ganz einfach bunt färben. Dabei lassen sich die Farben auch mischen, um z. B. Grün oder Orange zu bekommen.

**Bunt & im Trend**

## Glasurlinsen

Bereits vorgefärbt sind Glasurlinsen bzw. Schmelzdrops (englisch candymelts oder candycoating), die man im Spezialitätenhandel bzw. via Internet kaufen kann. Es gibt sie in vielen Farben und in verschiedenen Geschmacksrichtungen. Die Linsen werden nach Packungsanweisung einfach im Wasserbad oder in der Mikrowelle geschmolzen.

Auch Glasurlinsen mögen keinen Wasserkontakt und lassen sich bei Bedarf im geschmolzenen Zustand mit Kokosfett geschmeidiger machen.

# *Hilfreiches Zubehör bei der Cakepop-Herstellung*

**Zum Anfassen**

## Stiele für Ihre Cakepops

In jedem Supermarkt findet man preiswerte Schaschlikspieße aus Holz. Diese sind meist 20 Zentimeter lang und lassen sich mit einer stabilen Küchenschere ganz einfach kürzen. Praktisch, denn so können Sie Ihre Cakepops in unterschiedlichen Längen präsentieren. Kurze und flache Eisstiele aus Holz können Sie auch für Cakepops verwenden. Im Spezialitätenhandel bzw. Internet finden sich sogenannte Lollipop-Sticks aus stabil verarbeitetem Papier oder Kunststoff in verschiedenen Längen, Farben und Ausführungen. Diese hübschen Stiele sind im Vergleich zu den Holzspießen allerdings ziemlich teuer.
Eine schöne Idee für geübte Cakepop-Hersteller sind essbare Stiele aus Keksstäbchen mit Schokoüberzug (z. B. Mikado). Damit ihr Überzug beim Glasieren der Cakepops nicht schmilzt oder bricht, fasst man ihn am besten mit einer Manschette aus mehrfach gefaltetem Küchenkrepp kurz unterhalb des Cakepops an.

**Tipp** Sollen die Cakepops z. B. in einen Styroporblock gesteckt transportiert werden, empfehlen sich eher kurze Stiele.

**Zum Einstecken**

## Styroporblock, Steckmoos und Eierpappe

Wohin mit den frisch glasierten Kuchenlollis? Am besten steckt man sie zum Trocknen in einen dicken Styroporblock aus dem Baumarkt, den man selbst zuschneidet. Ideal ist ein Maß von 50 mal 20 Zentimetern. Die Löcher für die Cakepop-Stiele am besten vorher mit ausreichend Abstand in den Block bohren, damit die Cakepops aufrecht stehen können und nicht aneinanderstoßen. Um den Block vor herabtropfender Glasur zu schützen, können Sie ihn mit Frischhaltefolie überziehen. Geeignet sind auch Steckmoosziegel aus dem Bastlerbedarf. Da diese krümeln können, unbedingt mehrfach in Frischhaltefolie wickeln. Auch in großen Eierpappen (z. B. aus dem Supermarkt) nehmen die frisch gebadeten Cakepops geordnet Aufstellung. Erfahrungsgemäß werden die Kuchenlollis nicht alt. Am besten bewahren Sie Ihre Backkunstwerke im Kühlschrank oder im kalten Keller auf. Dort sollten die Cakepops aber nicht länger als drei Tage bleiben. Zum Einfrieren sind Cakepops nicht geeignet, denn beim Auftauen würde die Glasur leiden.

Zum Zubereiten

## Schüssel, Topf und Schaber

Zum Schmelzen der Cakepop-Glasur eignet sich am besten eine Schmelzschale aus Edelstahl mit ebenem Boden oder eine andere Metallschüssel. Damit Ihre Cakepops darin ausreichend tief abtauchen können, empfiehlt sich ein Durchmesser von 12 bis 14 Zentimetern. Der Topf mit dem Wasserbad muss entsprechend groß gewählt werden, sodass es zu keinem direkten Kontakt mit dem Wasser kommt und kein Wasserdampf an die Glasur gelangen kann. Da Metall ein guter Wärmeleiter ist, muss die Glasur während des Schmelzens sanft gerührt werden. Hierzu eignet sich ein kleiner Silikonschaber.

Zum Kugeln

## Perfekte Cakepop-Form

Kein Muss, aber für jeden hilfreich, der makellose Kuchenkugeln haben möchte, ist eine Klappform aus Kunststoff, die Sie im Spezialitätenhandel oder via Internet kaufen können. Mit der preiswerten Form formen Sie schnell und einfach exakte Kuchenkugeln.

*Zum Aufstecken: unterschiedliche Stiele und Trocknungshilfen für Ihre »Easy Cakepops«.*

# Saftiger Schokoladenkuchen

**Für 1 Kastenform (20 cm Länge, ergibt ca. 450 g)**

2 Eier (Kl. M)
80 g Zucker
1 Pckg. Vanillezucker
1 Prise Salz
150 g Mehl (oder Dinkelmehl Type 630)
2 TL Backpulver
20 g Kakaopulver
80 g Rapskernöl

***Außerdem***

Öl und Mehl für die Form

***Zubereitungszeit***
ca. 20 Minuten

***Backzeit***
45–50 Minuten

**1** | Backofen auf 180 °C (Umluft 160 °C) vorheizen. Die Kastenform fetten und dünn mit Mehl ausstreuen.

**2** | Eier, Zucker, Vanillezucker, Salz und 5 Esslöffel warmes Wasser mit den Quirlen des Handrührers oder in der Küchenmaschine 8 Minuten weißschaumig rühren.

**3** | Mehl, Backpulver und Kakao mischen und durchsieben. In 2 Portionen kurz auf mittlerer Stufe unterrühren. Öl ebenfalls nur kurz unterrühren und den Teig in der Form verteilen.

**4** | Auf dem Rost im unteren Drittel des Backofens in 45 bis 50 Minuten goldbraun backen und eine Garprobe machen (siehe unten). Kuchen 5 Minuten im ausgeschalteten Ofen ruhen lassen. Dann auf einem Rost in der Form 10 Minuten abkühlen lassen. Aus der Form lösen und auf dem Rost ganz auskühlen lassen.

**Variante: Zitronenkuchen mit Rapsöl** *Das Kakaopulver weglassen und in Schritt 2 nur 2 Esslöffel warmes Wasser verwenden. Nach 8 Minuten Rühren 2 Teelöffel fein abgeriebene Biozitronenschale und 2 Esslöffel Zitronensaft unterrühren.*

**Garprobe** *Um zu prüfen, ob der Kuchen fertig gebacken ist, stechen Sie mit einem Holzstäbchen an der dicksten Stelle in den Kuchen. Bleibt das Hölzchen trocken und haftet kein Teig mehr daran, ist der Kuchen gar.*

# Fruchtiger Zitronenkuchen

**1** | Backofen auf 180 °C (Umluft 160 °C) vorheizen. Die Kastenform fetten und dünn mit Mehl ausstreuen.

**2** | Butter mit den Quirlen des Handrührers oder in der Küchenmaschine glatt rühren. Nach und nach Zucker, Zitronenschale und Salz dazugeben und 8 Minuten hell cremig rühren. Eier nacheinander jeweils 1/2 Minute sorgfältig unterrühren.

**3** | Mehl und Backpulver mischen und durchsieben. Abwechselnd mit dem Zitronensaft in 2 Portionen kurz auf mittlerer Stufe unterrühren. Teig in der Form verteilen und glatt streichen.

**4** | Auf dem Rost im unteren Drittel des Backofens in 45 bis 50 Minuten goldbraun backen und eine Garprobe machen (siehe links). Kuchen 5 Minuten im ausgeschalteten Ofen ruhen lassen, dann auf einem Rost in der Form 10 Minuten abkühlen lassen. Aus der Form lösen und auf dem Rost ganz auskühlen lassen.

**Variante: Schokoladenkuchen** *Zitronensaft und -schale weglassen. In Schritt 3 Mehl und Backpulver mit 20 Gramm Kakaopulver mischen und durchsieben. Abwechselnd mit insgesamt 4 Esslöffeln Milch in 2 Portionen kurz auf mittlerer Stufe unter die aufgeschlagene Butter rühren.*

**Für 1 Kastenform (20 cm Länge, ergibt ca. 450 g)**

125 g zimmerwarme Butter

80 g Zucker

2 TL fein abgeriebene Biozitronenschale

1 Prise Salz

2 Eier (Kl. M)

150 g Mehl (oder Dinkelmehl Type 630)

2 TL Backpulver

2 EL Zitronensaft

***Außerdem***

Butter und Mehl für die Form

***Zubereitungszeit***

ca. 20 Minuten

***Backzeit***

45–50 Minuten

SCHNEE
BAELLE

# EINFACH AM BESTEN

# Knusprige Schokoladen-Cakepops mit Cornflakes

**Für 15 Cakepops**
1 Marmorkuchen (350 g)

***Kuchencreme & Garnitur***
50 g Cornflakes
80 g Doppelrahmfrischkäse

***Glasur***
1 Pckg. Vollmilchkuchenglasur (100 g)
2 Pckg. dunkle Schokoladenglasur (à 100 g)

***Außerdem***
15 Cakepop-Stiele

***Zubereitungszeit***
ca. 45 Min. (plus Wartezeit)

**1** | Kuchen in Stücke schneiden und im Mixer fein zerkleinern. Cornflakes mit den Händen grob zerkleinern. Die feinen Bestandteile mit einem groben Sieb abtrennen und zu den Kuchenbröseln geben. Grobe Cornflakes in einem tiefen Teller beiseitestellen.

**2** | Frischkäse in einer Schüssel glatt rühren. Kuchenbrösel erst mit einem Teigschaber unterarbeiten, dann mit den Händen zu einer glatten Masse vermischen. Masse portionieren, zu Kugeln formen und kalt stellen (siehe Seite 8f.).

**3** | Inzwischen die Glasuren in einer Metallschüssel über einem warmen Wasserbad schmelzen lassen. Nacheinander die Stiele fingerbreit in die Glasur tauchen, sofort in eine Kuchenkugel stecken und kurz ruhen lassen. Die Kuchenlollis nacheinander in die Glasur tauchen, vollständig überziehen und kurz abtropfen lassen.

**4** | Kuchenlollis vorsichtig in den Cornflakes wenden, sodass die Kugeln ganz mit Cornflakes bedeckt sind. Kuchenlollis zum Abkühlen und Trocknen in einen Styroporblock o. Ä. stecken.

**Tipp** *Noch knuspriger wird die Cakepop-Garnierung, wenn Sie 30 Gramm Cornflakes mit 20 Gramm gehackten, gerösteten Mandeln mischen.*

**Diese Cakepops finden Sie auf Seite 16 abgebildet.**

# Schoko-Cakepops mit Erdnusskrokant

**Für 16 Cakepops**

18 Butterkekse (ca. 90 g)

4 Schokoladenmuffins (à ca. 90 g)

***Kuchencreme & Garnitur***

3 Erdnuss-Karamell-Riegel (à 40 g)

60 g Doppelrahmfrischkäse

***Glasur***

3 Pckg. Vanillekuchenglasur (à 100 g)

***Außerdem***

16 Cakepop-Stiele

***Zubereitungszeit***

ca. 45 Min. (plus Wartezeit)

**1** | Erdnussriegel mit einem großen Messer nicht zu fein hacken. Feine Bestandteile mit einem groben Sieb abtrennen und beiseitestellen. Restliche Stückchen in eine kleine Schüssel geben.

**2** | Kekse im Mixer fein zerkleinern, mit den feinen Riegelbestandteilen mischen. Muffins in Stücke schneiden und im Mixer fein zerkleinern. Frischkäse in einer Schüssel glatt rühren. Erst die Muffinbrösel mit einem Teigschaber untermischen, dann die Keksbröselmischung dazugeben und alles mit den Händen zu einer glatten Masse vermischen. Masse portionieren, zu Kugeln formen und kalt stellen (siehe Seite 8f.).

**3** | Inzwischen die Glasur in einer Metallschüssel über einem warmen Wasserbad schmelzen lassen. Nacheinander die Stiele fingerbreit in die Glasur tauchen, sofort in eine Kuchenkugel stecken und kurz ruhen lassen. Die Kuchenlollis nacheinander in die Glasur tauchen und vollständig überziehen.

**4** | Bevor die Glasur fest wird, mit Erdnusskaramell bestreuen. Cakepops zum Abkühlen und Trocknen in einen Styroporblock o. Ä. stecken.

**Diese Cakepops finden Sie auf Seite 16 abgebildet.**

# Schokolade-Vanillecreme-Cakepops

**Für 16 Cakepops**

2 Pckg. Schokoladendoppelkekse mit Vanillecremefüllung (à 225 g)

***Kuchencreme & Garnitur***

90 g Doppelrahmfrischkäse

***Glasur***

3 Pckg. Vanillekuchenglasur (à 100 g)

***Außerdem***

16 Cakepop-Stiele

***Zubereitungszeit***

ca. 40 Min. (plus Wartezeit)

**1** | 5 Doppelkekse voneinander trennen, die Creme mit einem Messer abkratzen und beiseitestellen. Diese Kekse im Mixer fein zerkleinern und beiseitestellen. Restliche Kekse und abgekratzte Creme im Mixer fein zerkleinern.

**2** | Frischkäse in einer Schüssel glatt rühren. Zusammen mit den Keksbröseln erst mit einem Teigschaber, dann mit den Händen zu einer glatten Masse vermischen. Masse portionieren, zu Kugeln formen und kalt stellen (siehe Seite 8f.).

**3** | Inzwischen die Glasur in einer Metallschüssel über einem warmen Wasserbad schmelzen lassen. Nacheinander die Stiele fingerbreit in die Glasur tauchen, sofort in eine Kuchenkugel stecken und kurz ruhen lassen. Die Kuchenlollis nacheinander in die Glasur tauchen, vollständig überziehen und kurz abtropfen lassen.

**4** | Bevor die Glasur fest wird, mit Keksbröseln verzieren. Kuchenlollis zum Abkühlen und Trocknen in einen Styroporblock o. Ä. stecken.

**Tipp** *Die tiefschwarze Keksmasse wird durch die helle Kuchenglasur nicht vollständig überdeckt. Wenn Sie dies verhindern möchten, schmelzen Sie mit der Kuchenglasur zusätzlich 100 Gramm gehackte weiße Kuvertüre.*

0,5 l.
Klassiker
Schoko und Vanille kombiniert

# Fruchtig-knusprige Schneebälle mit Baiser

**Für 18 Cakepops**

1 heller Wiener Boden (400 g)

***Kuchencreme & Garnitur***

40 g kleine rosa und weiße Baisers

40 g Johannisbeergelee

70 g Doppelrahmfrischkäse

***Glasur***

3 Pckg. Himbeerkuchenglasur (à 100 g)

***Außerdem***

18 Cakepop-Stiele

***Zubereitungszeit***

ca. 45 Min. (plus Wartezeit)

**1** | Kuchen in Stücke schneiden und im Mixer fein zerkleinern. Baisers nach Farben getrennt mit einem großen Messer hacken, jedoch nicht pulverisieren. Jeweils die feinen Bestandteile mit einem groben Sieb abtrennen und zu den Kuchenbröseln geben. Brösel nach Farben getrennt in je 1 tiefen Teller geben.

**2** | Johannisbeergelee unter Rühren bei milder Hitze auflösen. Frischkäse in einer Schüssel mit einem Schneebesen glatt rühren, Gelee dazugeben und kräftig unterrühren. Kuchenbrösel erst mit einem Teigschaber, dann mit den Händen zu einer glatten Masse vermischen. Masse portionieren, zu Kugeln formen und kalt stellen (siehe Seite 8f.).

**3** | Inzwischen die Glasur in einer Metallschüssel über einem warmen Wasserbad schmelzen lassen. Nacheinander die Stiele fingerbreit in die Glasur tauchen, sofort in eine Kuchenkugel stecken und kurz ruhen lassen. Die Kuchenkugeln nacheinander in die Glasur tauchen, vollständig überziehen und kurz abtropfen lassen.

**4** | Bevor die Glasur fest wird, die Kuchenkugeln rundum mit Baiserbröseln bestreuen und zum Abkühlen und Trocknen in einen Styroporblock o. Ä. stecken.

**Diese Cakepops finden Sie auf Seite 16/17 abgebildet.**

# Glitzernde Himbeer-Zitrone-Cakepops

**1** | Kuchen in Stücke schneiden und im Mixer fein zerkleinern. Frischkäse und Himbeerkonfitüre in einer Schüssel verrühren. Kuchenbrösel erst mit einem Teigschaber, dann mit den Händen zu einer glatten Masse vermischen. Masse portionieren, zu Kugeln formen. So auf die Arbeitsfläche drücken, dass ein ebener Fuß entsteht. Kugeln kalt stellen (siehe Seite 8f.).

**2** | Inzwischen die Glasur in einer Metallschüssel über einem warmen Wasserbad schmelzen lassen. Nacheinander die Stiele fingerbreit in die Glasur tauchen, sofort oben in eine Kuchenkugel stecken und kurz ruhen lassen. Die Kugeln nacheinander in die Glasur tauchen, vollständig überziehen und kurz abtropfen lassen.

**3** | Kugeln zum Abkühlen und Trocknen auf ein mit Backpapier ausgelegtes Blech setzen. Bevor die Glasur fest wird, die Kugeln mit wenig Glitzerstreuseln verzieren.

**Diese Cakepops finden Sie auf dem Cover abgebildet.**

**Für 15 Cakepops**

1 Zitronenkuchen (350 g)

***Kuchencreme & Garnitur***

70 g Doppelrahmfrischkäse

40 g Himbeerkonfitüre

1 Pckg. rosa Glitzerstreusel (34 g)

***Glasur***

3 Pckg. Himbeerkuchenglasur (à 100 g)

***Außerdem***

15 Cakepop-Stiele

Backpapier

***Zubereitungszeit***

ca. 45 Min. (plus Wartezeit)

Knusprig

Mandelgenuss hoch zwei

# Marzipankuchen-Cakepops mit Mandelblättchen

**1** | Kuchen in Stücke schneiden und im Mixer fein zerkleinern. Frischkäse und Aprikosenkonfitüre in einer Schüssel verrühren. Kuchenbrösel erst mit einem Teigschaber, dann mit den Händen zu einer glatten Masse vermischen. Masse portionieren, zu Kugeln formen und kalt stellen (siehe Seite 8f.).

**2** | Inzwischen die Glasur in einer Metallschüssel über einem warmen Wasserbad schmelzen lassen. Mandelblättchen in einer Pfanne ohne Fett bei mittlerer Hitze goldbraun rösten, dabei gelegentlich durchmischen. Mandeln auf einem tiefen Teller abkühlen lassen.

**3** | Nacheinander die Stiele fingerbreit in die Glasur tauchen, sofort in eine Kuchenkugel stecken und kurz ruhen lassen. Die Kuchenlollis nacheinander in die Glasur tauchen, vollständig überziehen und kurz abtropfen lassen.

**4** | Kuchenlollis vorsichtig in den Mandelblättchen wenden, sodass die Kugeln ganz mit Mandelblättchen bedeckt sind. Kuchenlollis zum Abkühlen und Trocknen in einen Styroporblock o. Ä. stecken.

**Tipp** *Statt der Mandelblättchen können Sie auch gehackte Mandeln verwenden.*

**Für 15 Cakepops**

1 Marzipankuchen (350 g)

***Kuchencreme & Garnitur***

70 g Doppelrahmfrischkäse

30 g Aprikosenkonfitüre

100 g Mandelblättchen

***Glasur***

2 Pckg. Vollmilchkuchenglasur (à 100 g)

1 Pckg. dunkle Schokoladenglasur (100 g)

***Außerdem***

15 Cakepop-Stiele

***Zubereitungszeit***

ca. 45 Min. (plus Wartezeit)

# Grüne Frühlings-Cakepops mit bunten Blüten

**Für 18 Cakepops**

1 heller Wiener Boden (400 g)

***Kuchencreme & Garnitur***

60 g Apfelgelee

90 g Doppelrahmfrischkäse

2 Pckg. Dekorblüten (à 12 Stück)

***Glasur***

3 Pckg. Waldmeisterkuchenglasur (à 100 g)

***Außerdem***

18 Cakepop-Stiele

***Zubereitungszeit***

**ca. 45 Min. (plus Wartezeit)**

**1** | Kuchen in Stücke schneiden und im Mixer fein zerkleinern. Apfelgelee unter Rühren bei milder Hitze auflösen. Frischkäse in einer Schüssel mit einem Schneebesen glatt rühren, Gelee dazugeben und kräftig unterrühren. Kuchenbrösel erst mit einem Teigschaber, dann mit den Händen zu einer glatten Masse vermischen. Masse portionieren, zu Kugeln formen und kalt stellen (siehe Seite 8f.).

**2** | Inzwischen die Glasur in einer Metallschüssel über einem warmen Wasserbad schmelzen lassen. Nacheinander die Stiele fingerbreit in die Glasur tauchen, sofort in eine Kuchenkugel stecken und kurz ruhen lassen. Die Kuchenlollis nacheinander in die Glasur tauchen, vollständig überziehen und kurz abtropfen lassen.

**3** | Bevor die Glasur fest wird, je 1 oder 2 Dekorblüten auf die Cakepops setzen. Kuchenlollis zum Abkühlen und Trocknen in einen Styroporblock o. Ä. stecken.

**Blumig**

Es grünt so grün:
Der Lenz ist da!

**Fruchtig**

Beliebt bei Alt und Jung

# Himbeer-Eierlikör-Cakepops

**Für 16 Cakepops**

1 Eierlikörkuchen (350 g)

***Kuchencreme & Garnitur***

70 g Mascarpone

1 EL Puderzucker

50 g Himbeeren (siehe Tipp)

1 Pckg. rosa Zuckerperlchen

***Glasur***

2 Pckg. Vanillekuchenglasur (à 100 g)

1 Pckg. Himbeerkuchenglasur (100 g)

***Außerdem***

16 Cakepop-Stiele

***Zubereitungszeit***
ca. 1 Std. (plus Wartezeit)

**1** | Die Rinde vom Kuchen dünn abschneiden. Kuchen in Stücke schneiden und im Mixer fein zerkleinern. Mascarpone und Puderzucker in einer Schüssel mit einem Schneebesen glatt rühren. Kuchenbrösel und Himbeeren erst mit einem Teigschaber, dann mit den Händen zu einer glatten Masse vermischen. Masse portionieren, zu Kugeln formen und kalt stellen (siehe Seite 8f.).

**2** | Inzwischen die Vanilleglasur in einer Metallschüssel über einem warmen Wasserbad schmelzen lassen. Zuckerperlchen in einen tiefen Teller geben.

**3** | Nacheinander die Stiele fingerbreit in die Glasur tauchen, sofort in eine Kuchenkugel stecken und kurz ruhen lassen. Die Kuchenlollis nacheinander in die Glasur tauchen, vollständig überziehen und kurz abtropfen lassen. Kuchenlollis zum Abkühlen und Trocknen in einen Styroporblock o. Ä. stecken.

**4** | Nun die Himbeerglasur in einer Metallschüssel über einem warmen Wasserbad schmelzen lassen. Cakepops nacheinander vorsichtig zur Hälfte in die Glasur tauchen und abtropfen lassen. Bevor die Glasur fest wird, die Kuchenlollis mit rosa Zuckerperlchen bestreuen und zum Trocknen wieder in den Styroporblock stecken.

**Tipp** *Statt frischer Himbeeren können Sie TK-Himbeeren verwenden. Diese am besten auf einem mit Küchenkrepp ausgelegten Teller auftauen lassen.*
*Statt Zuckerperlchen können Sie auch gehackte Pistazienkerne verwenden.*

# Saftige Honigkuchen-Cakepops mit Erdnüssen

**Für 16 Cakepops**

300 g Honigkuchen (»Frühstückskuchen«)

***Kuchencreme & Garnitur***

125 g Erdnusskerne (geröstet, ohne Salz)
50 g Doppelrahmfrischkäse
20 g Puderzucker
50 g stückige Erdnusscreme

***Glasur***

2 Pckg. Vollmilchkuchenglasur (à 100 g)
1 Pckg. dunkle Schokoladenglasur (100 g)

***Außerdem***

16 Cakepop-Stiele

***Zubereitungszeit***
ca. 45 Min. (plus Wartezeit)

**1** | Kuchen in Stücke schneiden und im Mixer fein zerkleinern. Die Erdnüsse mittelfein hacken, sehr feine Bestandteile mit einem groben Sieb abtrennen und unter die Kuchenbrösel mischen. Gehackte Erdnüsse in einem tiefen Teller beiseitestellen.

**2** | Frischkäse mit einem Schneebesen glatt rühren. Puderzucker darauf sieben und unterrühren. Erdnusscreme nach und nach unterrühren. Creme und Brösel erst mit einem Teigschaber, dann mit den Händen zu einer glatten Masse vermischen. Masse portionieren, zu Kugeln formen und kalt stellen (siehe Seite 8f.).

**3** | Inzwischen die Glasur in einer Metallschüssel über einem warmen Wasserbad schmelzen lassen. Nacheinander die Stiele fingerbreit in die Glasur tauchen, sofort in eine Kuchenkugel stecken und kurz ruhen lassen. Die Kuchenlollis nacheinander in die Glasur tauchen, vollständig überziehen und kurz abtropfen lassen.

**4** | Bevor die Glasur fest wird, die Cakepops vorsichtig rundum in die Erdnüsse drücken. Kuchenlollis zum Abkühlen und Trocknen in einen Styroporblock o. Ä. stecken.

**Tipp** *Hübsch sieht es auch aus, wenn die Erdnusskerne nur halbiert und die glasierten Kuchenlollis damit gleichmäßig besetzt werden.*

CP
Hmmm!
Von fleißigen Bienchen gemacht

# Chocolat-Chip-Cakepops mit Knusperkugeln

**Für 15 Cakepops**

1 Rührkuchen mit Schokostückchen (350 g)

***Kuchencreme & Garnitur***

70 g Doppelrahmfrischkäse
1 Pckg. Schokoladenknusperkugeln

***Glasur***

3 Pckg. Vanillekuchenglasur (à 100 g)

***Außerdem***

15 Cakepop-Stiele

***Zubereitungszeit***

ca. 45 Min. (plus Wartezeit)

**1** | Kuchen in Stücke schneiden und im Mixer fein zerkleinern. Frischkäse in einer Schüssel glatt rühren. Kuchenbrösel erst mit einem Teigschaber untermischen, dann mit den Händen zu einer glatten Masse vermischen. Masse portionieren, zu Kugeln formen und kalt stellen (siehe Seite 8f.).

**2** | Inzwischen die Glasur in einer Metallschüssel über einem warmen Wasserbad schmelzen lassen. Knusperkugeln in einen tiefen Teller geben. Nacheinander die Stiele fingerbreit in die Glasur tauchen, sofort in eine Kuchenkugel stecken und kurz ruhen lassen. Die Kuchenlollis nacheinander in die Glasur tauchen, vollständig überziehen und kurz abtropfen lassen.

**3** | Bevor die Glasur fest wird, die Kuchenlollis vorsichtig kopfüber in die Knusperkugeln drücken. Kuchenlollis zum Abkühlen und Trocknen in einen Styroporblock o. Ä. stecken.

Knackig
Mit Schwarzweiß-
effekt

# Zitronen-Vanille-Cakepops im Kokoskleid

**Für 16 Cakepops**

1 Zitronenkuchen (350 g)

***Kuchencreme & Garnitur***

70 g Doppelrahmfrischkäse

40 g Lemoncurd

80 g Kokosraspel

***Glasur***

3 Pckg. Vanillekuchenglasur (à 100 g)

***Außerdem***

16 Cakepop-Stiele

***Zubereitungszeit***

ca. 45 Min. (plus Wartezeit)

**1** | Kuchen in Stücke schneiden und im Mixer fein zerkleinern. Frischkäse und Lemoncurd in einer Schüssel verrühren. Kuchenbrösel erst mit einem Teigschaber untermengen, dann mit den Händen alles zu einer glatten Masse vermischen. Masse portionieren, zu Kugeln formen und kalt stellen (siehe Seite 8f.).

**2** | Inzwischen die Glasur in einer Metallschüssel über einem warmen Wasserbad schmelzen lassen. Kokosraspel in einen tiefen Teller geben. Nacheinander die Stiele fingerbreit in die Glasur tauchen, sofort in eine Kuchenkugel stecken und kurz ruhen lassen. Die Kuchenlollis nacheinander in die Glasur tauchen, vollständig überziehen und kurz abtropfen lassen.

**3** | Kuchenlollis vorsichtig in den Kokosraspeln wenden, sodass die Kugeln ganz mit Raspeln bedeckt sind. Kuchenlollis zum Abkühlen und Trocknen in einen Styroporblock o. Ä. stecken.

**Diese Cakepops finden Sie auf dem Cover abgebildet.**

# Lebkuchen-Cakepops mit Nüssen

**1** | Kekse portionsweise im Mixer fein zerkleinern und in eine Schüssel geben. Frischkäse und Keksbrösel erst mit einem Teigschaber, dann mit den Händen zu einer glatten Masse vermischen. Masse portionieren, zu Kugeln formen und kalt stellen (siehe Seite 8f.).

**2** | Inzwischen die Glasuren in einer Metallschüssel über einem warmen Wasserbad schmelzen lassen. Nacheinander die Stiele fingerbreit in die Glasur tauchen, sofort in eine Kuchenkugel stecken und kurz ruhen lassen. Die Kuchenlollis nacheinander in die Glasur tauchen und vollständig überziehen.

**3** | Bevor die Glasur fest wird, die Kuchenlollis mit Haselnusskernen verzieren. Cakepops zum Abkühlen und Trocknen in einen Styroporblock o. Ä. stecken.

**Hinweis** *Für das richtige Keks-Kakaocreme-Verhältnis ist es bei diesem Rezept wichtig, kleine Kekse zu verwenden.*

**Diese Cakepops finden Sie auf dem Cover abgebildet.**

**Für 20 Cakepops**

500 g kleine Kekse mit Kakaocremefüllung

***Kuchencreme & Garnitur***

100 g Doppelrahmfrischkäse

50 g Haselnusskerne (gehackt und geröstet)

***Glasur***

2 Pckg. Lebkuchenkuchenglasur (à 100 g)

1 Pckg. Vollmilchkuchenglasur (150 g)

***Außerdem***

20 Cakepop-Stiele

***Zubereitungszeit***
ca. 45 Min. (plus Wartezeit)

# Schokoladen-Cakepops mit Kakao

**Für 16 Cakepops**

18 Butterkekse (ca. 90 g)
4 Muffins (360 g)

***Kuchencreme & Garnitur***

80 g Doppelrahmfrischkäse mit Schokolade
2 EL Kakaopulver

***Glasur***

2 Pckg. dunkle Schokoladenglasur (à 100 g)
2 Pckg. Vollmilchkuchenglasur (à 100 g)

***Außerdem***

16 Cakepop-Stiele

***Zubereitungszeit***

ca. 45 Min. (plus Wartezeit)

**1** | Kekse im Mixer fein zerkleinern und beiseitestellen. Muffins in Stücke schneiden und im Mixer fein zerkleinern. Frischkäse in einer Schüssel glatt rühren. Erst die Muffinbrösel mit einem Teigschaber untermischen, dann die Keksbrösel dazugeben und alles mit den Händen zu einer glatten Masse vermischen. Masse portionieren, zu Kugeln formen und kalt stellen (siehe Seite 8f.).

**2** | Inzwischen die Glasuren in einer Metallschüssel über einem warmen Wasserbad schmelzen lassen. Nacheinander die Stiele fingerbreit in die Glasur tauchen, sofort in eine Kuchenkugel stecken und kurz ruhen lassen. Die Kuchenlollis nacheinander in die Glasur tauchen und vollständig überziehen.

**3** | Bevor die Glasur fest wird, das Kakaopulver mithilfe eines kleinen Löffels durch ein feines Sieb auf die Cakepops stäuben. Cakepops zum Abkühlen und Trocknen in einen Styroporblock o. Ä. stecken.

**Diese Cakepops finden Sie auf dem Cover abgebildet.**

# Schoko-Karamell-Cakepops mit Streuseln

**1** | Kekse im Mixer fein zerkleinern und beiseitestellen. Kuchen in Stücke schneiden und im Mixer fein zerkleinern. Frischkäse und Karamellaufstrich mit einem Schneebesen in einer Schüssel glatt rühren. Erst die Kuchenbrösel mit einem Teigschaber untermischen, dann die Keksbrösel dazugeben und alles mit den Händen zu einer glatten Masse vermischen. Masse portionieren, zu Kugeln formen und kalt stellen (siehe Seite 8f.).

**2** | Inzwischen die Glasuren in einer Metallschüssel über einem warmen Wasserbad schmelzen lassen. Zuckerstreusel in einen tiefen Teller geben.

**3** | Nacheinander die Stiele fingerbreit in die Glasur tauchen, sofort in eine Kuchenkugel stecken und kurz ruhen lassen. Die Kuchenlollis nacheinander in die Glasur tauchen, vollständig überziehen und kurz abtropfen lassen.

**4** | Die Kuchenlollis vorsichtig in den Zuckerstreuseln wenden, sodass die Kugeln ganz oder teilweise damit bedeckt sind. Kuchenlollis zum Abkühlen und Trocknen in einen Styroporblock o. Ä. stecken.

**Diese Cakepops finden Sie auf dem Cover abgebildet.**

**Für 16 Cakepops**

12 Butterkekse (ca. 60 g)

1 Schokogewürzkuchen (350 g)

***Kuchencreme & Garnitur***

60 g Doppelrahmfrischkäse

40 g Karamellbrotaufstrich

bunte Zuckerstreusel

***Glasur***

2 Pckg. dunkle Schokoladenglasur (à 100 g)

2 Pckg. Vollmilchkuchenglasur (à 100 g)

***Außerdem***

16 Cakepop-Stiele

***Zubereitungszeit***
ca. 45 Min. (plus Wartezeit)

# Ei am Stiel

**Das muss sich nicht verstecken**

# Eierlikörkuchen-Ostereier mit bunten Punkten

**1** | Kuchen in Stücke schneiden und im Mixer fein zerkleinern. Frischkäse in einer Schüssel mit einem Schneebesen glatt rühren. Kuchenbrösel erst mit einem Teigschaber untermischen, dann mit den Händen zu einer glatten Masse vermengen. Masse portionieren, zu Eiern formen und kalt stellen (siehe Seite 8f.).

**2** | Inzwischen die Glasur in einer Metallschüssel über einem warmen Wasserbad schmelzen lassen. Nacheinander die Stiele erst fingerbreit in die Glasur tauchen, dann sofort in das spitze Ende eines Kucheneis stecken und kurz trocknen lassen. Die Kucheneier nacheinander in die Glasur tauchen, vollständig überziehen und kurz abtropfen lassen.

**3** | Kucheneier zum Abkühlen und Trocknen auf ein mit Backpapier ausgelegtes Blech setzen. Bevor die Glasur fest wird, das Dekorkonfetti mithilfe einer Pinzette aufsetzen.

**Für 15 Cakepops**

1 Eierlikörkuchen (350 g)

***Kuchencreme & Garnitur***

80 g Doppelrahmfrischkäse

Streudekorkonfetti

***Glasur***

2 Pckg. Vollmilchkuchenglasur (à 150 g)

1 Pckg. dunkle Schokoladenkuchenglasur (100 g)

***Außerdem***

15 Cakepop-Stiele

Backpapier

***Zubereitungszeit***

ca. 1 Std. (plus Wartezeit)

NUSS
NUSS
NUSS

# FANTASIEVOLL GEFÜLLT

# Pfefferminz-Cakepops

**Für 14 Cakepops**

1 Schokoladenkuchen (350 g)

***Kuchencreme & Garnitur***

1 EL Apfelgelee

9 Pfefferminztäfelchen (ca. 65 g)

grüne und weiße Zuckerperlchen

***Glasur***

3 Pckg. dunkle Schokoladenglasur (à 100 g)

***Außerdem***

14 Cakepop-Stiele

***Zubereitungszeit***

ca. 45 Min. (plus Wartezeit)

**1** | Apfelgelee in einem kleinen Topf erwärmen und von der Kochstelle nehmen. Kuchen in Stücke schneiden und im Mixer fein zerkleinern. Brösel herausnehmen.

**2** | Pfefferminztäfelchen in Stücke brechen. In 2 Portionen jeweils Kuchenbrösel, Minztäfelchen und Apfelgelee im Mixer zu einer glatten Masse verarbeiten. Beide Portionen erst mit einem Teigschaber, dann mit den Händen zu einer glatten Masse vermischen. Masse portionieren, zu Kugeln formen und kalt stellen (siehe Seite 8f.).

**3** | Inzwischen die Glasur in einer Metallschüssel über einem warmen Wasserbad schmelzen lassen. Zuckerperlchen in einen tiefen Teller geben. Nacheinander die Stiele fingerbreit in die Glasur tauchen, sofort in eine Kuchenkugel stecken und kurz ruhen lassen. Die Kuchenlollis nacheinander in die Glasur tauchen, vollständig überziehen und kurz abtropfen lassen.

**4** | Bevor die Glasur fest wird, die Kuchenkugeln mit Zuckerperlchen bestreuen und zum Abkühlen und Trocknen in einen Styroporblock o. Ä. stecken.

**Tipp** *Diese Cakepops schmecken auch mit einer weißen Schokoglasur toll.*

**Diese Cakepops finden Sie auf Seite 41 abgebildet.**

# Piña-Colada-Cakepops

**1** | Kuchen in Stücke schneiden und im Mixer fein zerkleinern. Mit einem Esslöffel 40 Gramm Kokossahne vorsichtig von der geöffneten Kokosmilch abschöpfen, restliche Kokosmilch anderweitig verwenden. Kokossahne, Konfitüre und Limettensaft mit einem Schneebesen glatt rühren. Zusammen mit den Kuchenbröseln erst mit einem Teigschaber, dann mit den Händen zu einer glatten Masse vermischen. Masse portionieren, zu Kugeln formen und kalt stellen (siehe Seite 8f.).

**2** | Inzwischen die Glasur in einer Metallschüssel über einem warmen Wasserbad schmelzen lassen. Limettenschale und Kokosraspel mischen und in einem tiefen Teller beiseitestellen.

**3** | Nacheinander die Stiele fingerbreit in die Glasur tauchen, sofort in eine Kuchenkugel stecken und kurz ruhen lassen. Die Kuchenlollis nacheinander in die Glasur tauchen, vollständig überziehen und kurz abtropfen lassen.

**4** | Bevor die Glasur fest wird, mit Limetten-Kokosraspeln verzieren. Kuchenlollis zum Abkühlen und Trocknen in einen Styroporblock o. Ä. stecken.

**Tipp** *Verwenden Sie für dieses Rezept am besten Biokokosmilch, da sich bei dieser die Kokossahne besonders gut oben absetzt.*

### Für 18 Cakepops

1 heller Wiener Boden (400 g)

***Kuchencreme & Garnitur***

1 Dose cremige Biokokosmilch (400 ml; bitte nicht schütteln!)

80 g Ananaskonfitüre

1 EL Limettensaft

2 TL fein abgeriebene Biolimettenschale

80 g Kokosraspel

***Glasur***

3 Pckg. Vanillekuchenglasur (à 100 g)

***Außerdem***

18 Cakepop-Stiele

***Zubereitungszeit***
ca. 45 Min. (plus Wartezeit)

# Kunterbunte Überraschungs-Cakepops

**Für 18 Cakepops**
1 Zitronenkuchen (350 g)

***Kuchencreme & Garnitur***
60 g Doppelrahmfrischkäse
40 g Karamellbrotaufstrich
18 weiße Mini-Marshmallows
100 g Streudekorkonfetti

***Glasur***
3 Pckg. Zitronenkuchenglasur (à 100 g)

***Außerdem***
18 Cakepop-Stiele

***Zubereitungszeit***
ca. 1 Std. (plus Wartezeit)

**1** | Kuchen in Stücke schneiden und im Mixer fein zerkleinern. Frischkäse und Karamell in einer Schüssel verrühren. Kuchenbrösel erst mit einem Teigschaber, dann mit den Händen zu einer glatten Masse vermischen. Masse portionieren, etwas flach drücken und um je 1 Marshmallow schließen. Zu Kugeln formen und kalt stellen (siehe Seite 8f.).

**2** | Inzwischen die Glasur in einer Metallschüssel über einem warmen Wasserbad schmelzen lassen. Dekorkonfetti in einen tiefen Teller geben. Nacheinander die Stiele fingerbreit in die Glasur tauchen, sofort in eine Kuchenkugel stecken und kurz trocknen lassen. Die Kuchenlollis nacheinander in die Glasur tauchen, vollständig überziehen und kurz abtropfen lassen.

**3** | Bevor die Glasur fest wird, die Kuchenlollis vorsichtig im Dekorkonfetti wenden, sodass die Kuchenkugeln vollständig bedeckt sind. Kuchenlollis zum Abkühlen und Trocknen in einen Styroporblock o. Ä. stecken.

**Tipp** *Wenn Sie statt Dekorkonfetti bunte Crispies verwenden, erhalten Sie einen Knuspereffekt.*

Zitronig ...
... mit weichem Kern

# Fruchtig-scharfe Ingwer-Cakepops mit Glitzer

**Für 18 Cakepops**

1 Zitronenkuchen (350 g)

***Kuchencreme & Garnitur***

75 g kandierter Ingwer
60 g Mascarpone
40 g Aprikosenkonfitüre
1 Pckg. rosa Glitzerstreusel (34 g)

***Glasur***

3 Pckg. Vanillekuchenglasur (à 100 g)

***Außerdem***

18 Cakepop-Stiele

***Zubereitungszeit***
ca. 45 Min. (plus Wartezeit)

**1** | Kuchen in Stücke schneiden und im Mixer fein zerkleinern. Ingwer mit einem schweren Messer fein hacken. Mit Mascarpone und Aprikosenkonfitüre in einer Schüssel verrühren. Zusammen mit den Kuchenbröseln erst mit einem Teigschaber, dann mit den Händen zu einer glatten Masse mischen. Masse portionieren, zu Kugeln formen und kalt stellen (siehe Seite 8f.).

**2** | Inzwischen die Glasur in einer Metallschüssel über einem warmen Wasserbad schmelzen lassen. Nacheinander die Stiele fingerbreit in die Glasur tauchen, sofort in eine Kuchenkugel stecken und kurz ruhen lassen. Die Kuchenlollis nacheinander in die Glasur tauchen, vollständig überziehen und kurz abtropfen lassen.

**3** | Kuchenlollis zum Abkühlen und Trocknen in einen Styroporblock o. Ä. stecken. Bevor die Glasur fest wird, die Kugeln mit wenig Glitzerstreuseln verzieren.

**Tipp** *In gut sortierten Supermärkten oder Asialäden finden Sie in Sirup eingelegten Ingwer. Dieser ist wesentlich intensiver als kandierter Ingwer. Hiervon nur 40 Gramm verwenden und statt der Aprikosenkonfitüre 3 Esslöffel des Sirups verwenden.*

# Schokoladen-Nougat-Cakepops mit Krokant

**1** | Kuchen in Stücke schneiden und im Mixer fein zerkleinern. Nougat in Stücke schneiden und in einer Metallschüssel über einem heißen Wasserbad schmelzen lassen. Nougat in einem kalten Wasserbad 15 Minuten abkühlen lassen. Frischkäse und Puderzucker in einer Schüssel mit einem Schneebesen glatt rühren, Nougat kräftig unterrühren.

**2** | Kuchenbrösel erst mit einem Teigschaber, dann mit den Händen zu einer glatten Masse untermischen. Masse portionieren, zu Kugeln formen und kalt stellen (siehe Seite 8f.). Krokant in einen Teller geben.

**3** | Inzwischen die Glasuren in einer Metallschüssel über einem warmen Wasserbad schmelzen lassen. Nacheinander die Stiele fingerbreit in die Glasur tauchen, sofort in eine Kuchenkugel stecken und kurz ruhen lassen. Die Kuchenlollis nacheinander in die Glasur tauchen, vollständig überziehen und kurz abtropfen lassen.

**4** | Kuchenlollis vorsichtig in den Krokant drücken und zum Abkühlen und Trocknen in einen Styroporblock o. Ä. stecken.

**Für 18 Cakepops**

1 dunkler Wiener Boden (400 g)

***Kuchencreme & Garnitur***

100 g Nuss-Nougat (schnittfest)

60 g Doppelrahmfrischkäse

1 gehäufter EL Puderzucker

50 g Haselnusskrokant

***Glasur***

2 Pckg. Haselnusskuchenglasur (à 100 g)

1 Pckg. dunkle Schokoladenglasur (100 g)

***Außerdem***

18 Cakepop-Stiele

***Zubereitungszeit***
ca. 50 Min. (plus Wartezeit)

Dolce Vita
Kaffee-Mandel-Harmonie

# Latte-macchiato-Cakepops mit Amarettini

**1** | Kuchen in Stücke schneiden und im Mixer fein zerkleinern. 50 Gramm Amarettini genauso zerkleinern und mit den Kuchenbröseln mischen. Restliche Amarettini in einem Gefrierbeutel mit einem Nudelholz grob zerstoßen. In ein grobes Sieb geben, die feinen Bestandteile damit abtrennen und zu den Kuchenbröseln geben. Grobe Amarettinistückchen in einem tiefen Teller beiseitestellen.

**2** | Mascarpone mit einem Schneebesen glatt rühren. Puderzucker und Espressopulver darauf sieben und unterrühren. Kuchenbrösel erst mit einem Teigschaber, dann mit den Händen zu einer glatten Masse untermischen. Masse portionieren, etwas flach drücken, als Kugel um je 1 Marzipankartoffel schließen und kalt stellen (siehe Seite 8f.).

**3** | Inzwischen die Glasuren in einer Metallschüssel über einem warmen Wasserbad schmelzen lassen. Nacheinander die Stiele fingerbreit in die Glasur tauchen, sofort in eine Kuchenkugel stecken und kurz ruhen lassen. Die Kuchenlollis nacheinander in die Glasur tauchen, vollständig überziehen und kurz abtropfen lassen.

**4** | Bevor die Glasur fest wird, die Cakepops mit Amarettinistückchen verzieren. Wenig Kakaopulver mithilfe eines kleinen Löffels durch ein feines Sieb auf die Cakepops stäuben, zum Abkühlen und Trocknen in einen Styroporblock o. Ä. stecken.

### Für 20 Cakepops

1 heller Wiener Boden (400 g)

***Kuchencreme & Garnitur***

75 g Amarettini (kleine italienische Mandelkekse)

80 g Mascarpone

50 g Puderzucker

4 TL lösliches Espressopulver

20 Marzipankartoffeln

1 TL Kakaopulver zum Bestäuben

***Glasur***

2 Pckg. Vanillekuchenglasur (à 100 g)

1 Pckg. Vollmilchkuchenglasur (150 g)

***Außerdem***

Gefrierbeutel

20 Cakepop-Stiele

***Zubereitungszeit***
**ca. 1:15 Std. (plus Wartezeit)**

# Gefüllte Cakepops mit Knuspereffekt

**Für 18 Cakepops**

1 Rührkuchen mit Schokostückchen (350 g)

***Kuchencreme & Garnitur***

80 g Doppelrahmfrischkäse

2 Pckg. Minigebäckkugeln mit Nusscremefüllung (à 9 Stück)

50 g Haselnusskerne (gehackt und geröstet)

***Glasur***

2 Pckg. Haselnusskuchenglasur (à 100 g)

1 Pckg. dunkle Schokoladenglasur (100 g)

***Außerdem***

18 Cakepop-Stiele (siehe Tipp)

***Zubereitungszeit***
ca. 1 Std. (plus Wartezeit)

**1** | Kuchen in Stücke schneiden und im Mixer fein zerkleinern. Frischkäse in einer Schüssel glatt rühren. Kuchenbrösel erst mit einem Teigschaber untermischen, dann mit den Händen zu einer glatten Masse verkneten. Masse portionieren, etwas flach drücken und um je 1 Gebäckkugel schließen. Zu Kugeln formen und kalt stellen (siehe Seite 8f.).

**2** | Inzwischen die Glasuren in einer Metallschüssel über einem warmen Wasserbad schmelzen lassen. Nüsse in einen tiefen Teller geben. Nacheinander die Stiele fingerbreit in die Glasur tauchen, sofort in eine Kuchenkugel stecken und kurz ruhen lassen. Die Kuchenlollis nacheinander in die Glasur tauchen, vollständig überziehen und kurz abtropfen lassen.

**3** | Bevor die Glasur fest wird, die Kuchenlollis mit wenig Nüssen verzieren. Kuchenlollis zum Abkühlen und Trocknen in einen Styroporblock o. Ä. stecken.

**Tipp** *Hier eignen sich als Stiele am besten Holzschaschlikspieße, deren spitzes Ende sich mühelos in die Gebäckkugeln stecken lässt.*

**Diese Cakepops finden Sie auf Seite 40/41 abgebildet.**

# Cakepops Schwarzwälder-Kirsch-Art

**1** | Kuchen in Stücke schneiden und im Mixer fein zerkleinern. Kirschen mit einem schweren Messer fein hacken und mit dem Kirschwasser mischen. 70 Gramm Frischkäse in einer Schüssel glatt rühren. Kuchenbrösel und Kirschen erst mit einem Teigschaber, dann mit den Händen zu einer glatten Masse vermischen. Masse portionieren, zu Kugeln formen und kalt stellen (siehe Seite 8f.).

**2** | Inzwischen die Glasur in einer Metallschüssel über einem warmen Wasserbad schmelzen lassen. Raspelschokolade in einen tiefen Teller geben. Nacheinander die Stiele fingerbreit in die Glasur tauchen, sofort in eine Kuchenkugel stecken und kurz ruhen lassen. Die Kuchenlollis nacheinander in die Glasur tauchen, vollständig überziehen und kurz abtropfen lassen.

**3** | Kuchenlollis vorsichtig in der Raspelschokolade wenden, sodass die Kugeln ganz bedeckt sind. Kuchenlollis zum Abkühlen und Trocknen in einen Styroporblock o. Ä. stecken.

**4** | Belegkirschen vierteln. Restlichen Frischkäse und Milch glatt rühren, in den Spritzbeutel geben und als Tupfen auf die Cakepops setzen. Mit den Kirschen garnieren.

**Diese Cakepops finden Sie auf Seite 40 abgebildet.**

**Für 16 Cakepops**

1 Rührkuchen mit Schokostückchen (350 g)

***Kuchencreme & Garnitur***

50 g getrocknete Sauerkirschen

5 EL Kirschwasser oder -saft

175 g Doppelrahmfrischkäse

8 Belegkirschen

1 Pckg. Vollmilchraspelschokolade (100 g)

2 TL Milch

***Glasur***

3 Pckg. Vollmilchkuchenglasur (à 100 g)

***Außerdem***

16 Cakepop-Stiele

Einmalspritzbeutel mit Sterntülle

***Zubereitungszeit***
**ca. 1 Std. (plus Wartezeit)**

# Schokoladen-Orangen-Cakepops

**Für 14 Cakepops**

1 Schokoladenkuchen (400 g)

***Kuchencreme & Garnitur***

60 g fruchtige Orangenmarmelade

3 EL Orangenlikör (z. B. Cointreau)

100 g Bitterkuvertüre

blaue Zuckerperlchen

***Glasur***

2 Pckg. dunkle Schokoladenglasur (à 100 g)

1 Pckg. Vollmilchkuchenglasur (100 g)

***Außerdem***

14 Cakepop-Stiele

Einwegspritzbeutel

***Zubereitungszeit***

ca. 45 Min. (plus Wartezeit)

**1** | Kuchen in Stücke schneiden und im Mixer fein zerkleinern. Orangenmarmelade in einem kleinen Topf erwärmen und von der Kochstelle nehmen. Mit Orangenlikör im Mixer pürieren und kurz abkühlen lassen. Marmeladenmischung und Kuchenbrösel erst mit einem Teigschaber, dann mit den Händen zu einer glatten Masse vermischen. Masse portionieren, zu Kugeln formen und kalt stellen (siehe Seite 8f.).

**2** | Inzwischen die Glasuren in einer Metallschüssel über einem warmen Wasserbad schmelzen lassen. Nacheinander die Stiele fingerbreit in die Glasur tauchen, sofort in eine Kuchenkugel stecken und kurz ruhen lassen. Die Kuchenlollis nacheinander in die Glasur tauchen, vollständig überziehen und kurz abtropfen lassen. Zum Abkühlen und Trocknen in einen Styroporblock o. Ä. stecken. Zuckerperlchen in einen tiefen Teller geben.

**3** | Kuvertüre mit einem schweren Messer fein hacken. Die Hälfte der Kuvertüre in einer Metallschüssel über einem warmen Wasserbad schmelzen. Schüssel vom Wasserbad nehmen und die restliche Kuvertüre unter Rühren darin auflösen. Kuvertüre in einen Einwegspritzbeutel füllen und die Spitze fein abschneiden.

**4** | Die Kuvertüre spiralförmig auf eine getrocknete Kuchenkugel auftragen, kurz ruhen lassen und sofort mit Zuckerperlchen bestreuen, überschüssige Perlchen vorsichtig abschütteln.

**Tipp** *Wenn die Cakepops für Kinder sein sollen, ersetzen Sie den Orangenlikör einfach durch Orangensaft und verwenden nur Vollmilchkuvertüre und -glasur.*

Leicht herb
...mit bunten Ringeln

Ho, ho, ho!
So schmeckt die Weihnachtszeit!

# Spekulatius-Marzipan-Cakepops

**1** | 60 Gramm Spekulatius in kleine Rechtecke zerteilen oder in einem Gefrierbeutel mit einem Nudelholz mittelfein zerkleinern. Feine Bestandteile mit einem groben Sieb abtrennen. Die Rechtecke oder mittelfeinen Stückchen in einer kleinen Schale beiseitestellen. Abgesiebte Teile mit den restlichen Spekulatius im Mixer fein zerkleinern. Marzipan auf einer groben Reibe raspeln.

**2** | Mascarpone und Marzipan in einer Schüssel mit einem Teigschaber glatt rühren. Zusammen mit den Kuchenbröseln erst mit dem Schaber, dann mit den Händen zu einer glatten Masse vermischen. Masse portionieren, zu Kugeln formen und kalt stellen (siehe Seite 8f.).

**3** | Inzwischen die Glasuren in einer Metallschüssel über einem warmen Wasserbad schmelzen lassen. Nacheinander die Stiele fingerbreit in die Glasur tauchen, sofort in eine Kuchenkugel stecken und kurz ruhen lassen. Die Kuchenlollis nacheinander in die Glasur tauchen, vollständig überziehen und kurz abtropfen lassen.

**4** | Kuchenlollis rundum mit Spekulatiusstückchen verzieren und zum Abkühlen und Trocknen in einen Styroporblock o. Ä. stecken.

**Tipp** *Besonders attraktiv werden diese Cakepops, wenn Sie sie mit weihnachtlichem »Tannenbaum«-Streudekor verzieren.*

**Für 18 Cakepops**

400 g Spekulatius (oder braune Kuchen)

***Kuchencreme & Garnitur***

80 g Marzipanrohmasse

60 g Mascarpone

***Glasur***

2 Pckg. dunkle Kuchenglasur (à 100 g)

1 Pckg. Vollmilchkuchenglasur (100 g)

***Außerdem***

18 Cakepop-Stiele

Gefrierbeutel

***Zubereitungszeit***
ca. 50 Min. (plus Wartezeit)

# Cakepops mit Erdnüssen und Karamellbonbons

**Für 16 Cakepops**

1 Rührkuchen mit Schokostückchen (350 g)

***Kuchencreme & Garnitur***

40 g Erdnusskerne (geröstet und gesalzen)

70 g Doppelrahmfrischkäse

10 weiche Karamellbonbons (ca. 70 g)

***Glasur***

3 Pckg. dunkle Schokoladenkuchenglasur (à 100 g)

***Außerdem***

16 Cakepop-Stiele

***Zubereitungszeit***

ca. 45 Min. (plus Wartezeit)

**1** | Kuchen in Stücke schneiden und im Mixer fein zerkleinern. Erdnüsse im Mixer fein mahlen. Frischkäse in einer Schüssel glatt rühren. Erst die Kuchenbrösel mit einem Teigschaber untermischen, dann die Erdnüsse dazugeben und alles mit den Händen zu einer glatten Masse vermischen. Masse portionieren, zu Kugeln formen und kalt stellen (siehe Seite 8f.).

**2** | Inzwischen die Glasur in einer Metallschüssel über einem warmen Wasserbad schmelzen lassen. Bonbons mit einem scharfen Messer in kleine Würfel schneiden (siehe Tipp) und eventuell auseinanderkrümeln. Bonbons in einem tiefen Teller beiseitestellen.

**3** | Nacheinander die Stiele fingerbreit in die Glasur tauchen, sofort in eine Kuchenkugel stecken und kurz ruhen lassen. Die Kuchenlollis nacheinander in die Glasur tauchen und vollständig überziehen.

**4** | Bevor die Glasur fest wird, die Cakepops mithilfe einer Pinzette mit Karamellbonbons verzieren. Cakepops zum Abkühlen und Trocknen in einen Styroporblock o. Ä. stecken.

**Tipp** *Die Karamellbonbons lassen sich ganz einfach zerkleinern, wenn Sie sie vorher für 30 Minuten in den Kühlschrank legen.*

Knackig
Nuss trifft Bonbon und Schokolade

Ei, Ei, Ei!
Leckere Osterfreuden

# Gefüllte Schokoladenostereier am Stiel

**1** | Kekse im Mixer fein zerkleinern und beiseitestellen. Muffins in Stücke schneiden und im Mixer fein zerkleinern. Mascarpone in einer Schüssel glatt rühren. Erst die Muffinbrösel mit einem Teigschaber untermischen, dann die Keksbrösel dazugeben und alles mit den Händen zu einer glatten Masse vermischen.

**2** | Masse portionieren, etwas flach drücken und je 1 Marzipankartoffel mit einer Teigportion umhüllen. Jeweils zu Eiern formen und kalt stellen (siehe Seite 8f.). Inzwischen die Glasuren in einer Metallschüssel über einem warmen Wasserbad schmelzen lassen.

**3** | Nacheinander die Stiele fingerbreit in die Glasur tauchen, sofort in das stumpfe Ende eines Kucheneis stecken und kurz ruhen lassen. Die Kucheneier nacheinander in die Glasur tauchen, vollständig überziehen und kurz abtropfen lassen.

**4** | Bevor die Glasur fest wird, die Kucheneier mit Zuckerperlchen bestreuen und zum Abkühlen und Trocknen in einen Styroporblock o. Ä. stecken.

**Für 12 Cakepops**

12 Butterkekse (ca. 60 g)

3 Schokoladenmuffins (à ca. 90 g)

12 Marzipankartoffeln

***Kuchencreme & Garnitur***

60 g Mascarpone

bunte Zuckerperlchen

***Glasur***

2 Pckg. Kakaokuchenglasur (à 100 g)

1 Pckg. dunkle Schokoladenkuchenglasur (100 g)

***Außerdem***

12 Cakepop-Stiele

***Zubereitungszeit***
**ca. 50 Min. (plus Wartezeit)**

# ÜBERRASCHEND SCHÖN

# Fröhlich-fruchtige Schokoladenigelchen

**Für 18 Cakepops**

1 Schokoladenkuchen (400 g)

***Kuchencreme & Garnitur***

70 g Doppelrahmfrischkäse
50 g Aprikosenkonfitüre
50 g Marzipanrohmasse
1 Pckg. Schokoladenstreusel
bunte Crispies oder Streudekorkonfetti
große Schokoknusperkugeln

***Glasur***

3 Pckg. Vollmilchkuchenglasur (à 100 g)

***Außerdem***

18 Cakepop-Stiele

***Zubereitungszeit***
ca. 1:30 Std. (plus Wartezeit)

**1** | Kuchen in Stücke schneiden und im Mixer fein zerkleinern. Frischkäse und Aprikosenkonfitüre in einer Schüssel verrühren. Kuchenbrösel erst mit einem Teigschaber, dann mit den Händen zu einer glatten Masse untermischen. Masse portionieren, zu Kugeln formen und kalt stellen (siehe Seite 8f.).

**2** | Inzwischen die Glasur in einer Metallschüssel über einem warmen Wasserbad schmelzen lassen. Marzipan erst zu einer 1 Zentimeter dicken Rolle formen, dann in 1 Zentimeter dicke Stücke schneiden und dreieckig zu Igelnasen formen. Streusel in einen tiefen Teller geben.

**3** | Nacheinander die Stiele fingerbreit in die Glasur tauchen, sofort in eine Kuchenkugel stecken und kurz ruhen lassen. Die Kuchenlollis nacheinander in die Glasur tauchen, vollständig überziehen und kurz abtropfen lassen. Bevor die Glasur fest wird, rundum mit Streuseln bestreuen. Kuchenlollis zum Abkühlen und Trocknen in einen Styroporblock o. Ä. stecken.

**4** | Marzipannasen vorsichtig in die Glasur tauchen und an die Kugeln setzen. Crispies mithilfe einer Pinzette vorsichtig in die Glasur tauchen und als Augen oberhalb der Nase ansetzen. Je 1 rotes Crispie ebenso als Nasenspitze anbringen. Jeweils 4 Knusperkugeln ebenso als Füßchen ansetzen.

**Diese Cakepops finden Sie auf Seite 60/61 abgebildet.**

# Rosa Brownie-Cakepops mit Herzen

**1** | Brownies in Stücke schneiden, im Mixer sehr fein zerkleinern und in eine Schüssel geben. Kekse im Mixer fein zerkleinern. Mit Browniebröseln und Fruchtaufstrich erst mit einem Teigschaber, dann mit den Händen zu einer glatten Masse vermischen. Masse portionieren, zu Kugeln formen und kalt stellen (siehe Seite 8f.).

**2** | Inzwischen die Glasur in einer Metallschüssel über einem warmen Wasserbad schmelzen lassen. Zuckerherzen in einen tiefen Teller geben.

**3** | Nacheinander die Stiele fingerbreit in die Glasur tauchen, sofort in eine Kuchenkugel stecken und kurz ruhen lassen. Die Kuchenlollis nacheinander in die Glasur tauchen, vollständig überziehen und kurz abtropfen lassen.

**4** | Bevor die Glasur fest wird, die Cakepops üppig mit Herzen verzieren. Kuchenlollis zum Abkühlen und Trocknen in einen Styroporblock o. Ä. stecken.

**Tipp** *Die Cakepops sollten Sie auf jeden Fall zweimal glasieren, da sonst das Öl aus dem Brownies-Teig durch die einfache Glasur hervortreten kann.*

**Diese Cakepops finden Sie auf Seite 60/61 abgebildet.**

**Für 12 Cakepops**

1 Pckg. Brownies (300 g)

12 Butterkekse (ca. 60 g)

***Kuchencreme & Garnitur***

50 g samtiger Johannisbeer-aufstrich

1 Pckg. rosa und weiße Zuckerherzen

***Glasur***

3 Pckg. Himbeerkuchen-glasur (à 100 g)

***Außerdem***

12 Cakepop-Stiele

***Zubereitungszeit***
ca. 45 Min. (plus Wartezeit)

## Erntezeit

Nicht nur für Gärtner eine Freude

# Möhre-im-Beet-Cakepops

**Für 16 Cakepops**

1 Marzipankuchen (350 g)

***Kuchencreme & Garnitur***

5 Schokoladendoppelkekse mit Vanillecremefüllung (45 g)

80 g Doppelrahmfrischkäse

50 g Möhrenpüree (Babynahrung)

18 Dekormöhren

***Glasur***

2 Pckg. Marzipankuchenglasur (à 100 g)

1 Pckg. Vanillekuchenglasur (100 g)

***Außerdem***

16 Cakepop-Stiele

***Zubereitungszeit***
ca. 1 Std. (plus Wartezeit)

**1** | Die Rinde vom Kuchen dünn abschneiden, Kuchen in Stücke schneiden. Doppelkekse voneinander trennen und die Creme mit einem Messer abkratzen. Kekse beiseitestellen. Kuchen und Kekscreme im Mixer fein zerkleinern.

**2** | Frischkäse und Möhrenpüree in einer Schüssel verrühren. Frischkäsemischung mit Kuchenbröseln erst mit einem Teigschaber, dann mit den Händen zu einer glatten Masse vermischen. Masse portionieren und zu Kugeln formen. Kuchenkugeln so auf die Arbeitsfläche drücken, dass ein ebener Fuß entsteht. Kugeln kalt stellen (siehe Seite 8f.).

**3** | Inzwischen die Glasuren in einer Metallschüssel über einem warmen Wasserbad schmelzen lassen. Kekse im Mixer fein zerkleinern und in einen tiefen Teller geben.

**4** | Nacheinander die Stiele fingerbreit in die Glasur tauchen, sofort in die runde Seite einer Kuchenkugel stecken und kurz ruhen lassen. Die Kuchenlollis nacheinander in die Glasur tauchen, vollständig überziehen und kurz abtropfen lassen. Kuchenlollis mit der ebenen Seite in die Keksbrösel drücken. Sofort je 1 Möhre in die Brösel stecken. Cakepops zum Abkühlen und Trocknen in einen Styroporblock o. Ä. stecken.

**Hinweis** *Hier bitte zügig die Möhren in die Cakepops stecken; es ist einfacher, wenn man mit einem Spieß oder einem kleinen Messer ein kleines Loch vorbohrt.*

# Zitronenhäschen im Nest

**Für 16 Cakepops**

1 Zitronenkuchen (350 g)

***Kuchencreme & Garnitur***

70 g Doppelrahmfrischkäse
2 TL Zitronensaft
2 TL fein abgeriebene Biozitronenschale
30 g Puderzucker
ca. 20 große geschälte Mandeln
rosa Dekorherzen
Streudekorkonfetti

***Glasur***

2 Pckg. Zitronenkuchenglasur (à 100 g)
1 Pckg. Vanillekuchenglasur (100 g)

***Außerdem***

16 Cakepop-Stiele
16 halbe Eierschalen (ausgewaschen, trocken)
Ostergras

***Zubereitungszeit***
ca. 1 Std. (plus Wartezeit)

**1** | Kuchen in Stücke schneiden und im Mixer fein zerkleinern. Frischkäse, Zitronensaft und -schale mit einem Schneebesen glatt rühren. Puderzucker darauf sieben und unterrühren. Kuchenbrösel erst mit einem Teigschaber, dann mit den Händen zu einer glatten Masse untermischen. Masse portionieren, zu Eiern formen und kalt stellen (siehe Seite 8f.).

**2** | Inzwischen die Glasuren in einer Metallschüssel über einem warmen Wasserbad schmelzen lassen. Mandeln vorsichtig spalten. Nacheinander je 2 Mandelhälften erst in die Glasur tauchen, anschließend als Ohren in die Kucheneier stecken. Dann die Stiele fingerbreit in die Glasur tauchen, sofort in ein Ei stecken und kurz ruhen lassen. Die Kuchenlollis vollständig überziehen und kurz abtropfen lassen.

**3** | Bevor die Glasur fest wird, die Kucheneier mit Dekorkonfetti als Augen und je 1 Dekorherz als Nase verzieren und zum Abkühlen und Trocknen in einen Styroporblock o. Ä. stecken.

**4** | Eierschalen anstechen und das Loch mit einem Hölzchen vorsichtig vergrößern. Eierschalen jeweils mit etwas Ostergras füllen und vorsichtig unter die Kucheneier schieben.

**Tipp** *Mit einem in dunkle Glasur getauchten Hölzchen können Sie noch Pupillen auf die Augen setzen.*

# Nesthocker

## Jedem Häschen sein Plätzchen

**Heiß auf Eis**

**Cakepops haben immer Saison!**

# Kein-Nusseis-Cakepops mit Krokant

**Für 12 Cakepops**

1 Rührkuchen mit Schokostückchen (350 g)

***Kuchencreme & Garnitur***

2 Pckg. Eistüten (à 8 Stück, à 112 g)

120 g Doppelrahmfrischkäse mit Schokolade

100 g weiße Kuvertüre

Haselnusskrokant

bunte Zuckerstreusel

***Glasur***

4 Pckg. Haselnusskuchenglasur (à 100 g)

***Außerdem***

12 Cakepop-Stiele

***Zubereitungszeit***

ca. 1:20 Std. (plus Wartezeit)

**1** | Kuchen in Stücke schneiden, im Mixer fein zerkleinern und in eine Schüssel geben. 4 Eiswaffeln ebenso zerkleinern. Frischkäse in einer Schüssel glatt rühren. Kuchen- und Waffelbrösel dazugeben, erst mit einem Teigschaber, dann mit den Händen zu einer glatten Masse untermischen. Masse in 40-Gramm-Portionen teilen, zu Kugeln formen und kalt stellen (siehe Seite 8f.).

**2** | Inzwischen die Glasur in einer Metallschüssel über einem warmen Wasserbad schmelzen lassen. Nacheinander die Stiele fingerbreit in die Glasur tauchen, sofort in eine Kuchenkugel stecken und kurz ruhen lassen. Kuchenlollis nacheinander in die Glasur tauchen, vollständig überziehen und kurz abtropfen lassen. Zum Abkühlen und Trocknen in einen Styroporblock o. Ä. stecken.

**3** | Kuchenlollis ein 2. Mal glasieren, kurz abtropfen lassen und sofort kopfüber in eine Waffel stürzen. Stiel mit einer leichten Drehung vorsichtig herausziehen. Kuchenkugel mithilfe einer Gabel leicht in die Waffel drücken. Kuchenlollis in Gläser stellen und trocknen lassen.

**4** | Kuvertüre mit einem schweren Messer fein hacken, die Hälfte in einer Metallschüssel über einem warmen Wasserbad schmelzen. Schüssel vom Wasserbad nehmen, restliche Kuvertüre unter Rühren darin auflösen. Je 1 Klecks Kuvertüre auf die Kuchenkugeln geben und verlaufen lassen. Mit Krokant und/oder Streuseln bestreut trocknen lassen.

# Schokoladen-Mandel-Bärchen

**Für 15 Cakepops**

1 Schokoladenkuchen (350 g)

40 g Amarettini (kleine italienische Mandelkekse)

***Kuchencreme & Garnitur***

60 g Doppelrahmfrischkäse

40 g Aprikosenkonfitüre

braune oder schwarze Schokolinsen

rote Dekorherzen

blaue Liebesperlen

dunkle Zuckerschrift

***Glasur***

3 Pckg. Vollmilchkuchenglasur (à 100 g)

***Außerdem***

15 Cakepop-Stiele

***Zubereitungszeit***

ca. 50 Min. (plus Wartezeit)

**1** | Kuchen in Stücke schneiden und im Mixer fein zerkleinern. 50 Gramm Amarettini genauso zerkleinern und mit den Kuchenbröseln mischen. Frischkäse und Konfitüre in einer Schüssel verrühren. Kuchenbrösel erst mit einem Teigschaber, dann mit den Händen zu einer glatten Masse untermischen. Masse portionieren, zu Kugeln formen und kalt stellen (siehe Seite 8f.).

**2** | Inzwischen die Glasur in einer Metallschüssel über einem warmen Wasserbad schmelzen lassen. Schokolinsen mit einem scharfen Messer halbieren. Nacheinander die Stiele fingerbreit in die Glasur tauchen, sofort in eine Kuchenkugel stecken und kurz ruhen lassen. Die Kuchenlollis nacheinander in die Glasur tauchen, vollständig überziehen und kurz abtropfen lassen.

**3** | Sofort je 2 halbierte Schokolinsen als Ohren, ein Herz als Nase und 2 Liebesperlen als Augen ansetzen. Kuchenlollis zum Abkühlen und Trocknen in einen Styroporblock o. Ä. stecken. Nach Belieben mit Zuckerschrift einen Mund auftragen.

**Tipp** *Mit einem in die Glasur getauchten Hölzchen können Sie noch Pupillen auf die Augen setzen.*

# Schneemanngesichter mit Hut

**1** | Kuchen in Stücke schneiden und im Mixer fein zerkleinern. Kuchenbrösel und Lemoncurd erst mit einem Teigschaber, dann mit den Händen zu einer glatten Masse untermischen. Masse portionieren, zu Kugeln formen und kalt stellen (siehe Seite 8f.).

**2** | Inzwischen die Glasur in einer Metallschüssel über einem warmen Wasserbad schmelzen lassen. Nacheinander die Stiele fingerbreit in die Glasur tauchen, sofort in eine Kuchenkugel stecken und kurz ruhen lassen. Die Kuchenlollis nacheinander in die Glasur tauchen, vollständig überziehen und kurz abtropfen lassen. Sofort je 1 Stück Karamellschokolade als Hut andrücken.

**3** | Bevor die Glasur fest wird, je 1 Erdnuss als Nase anbringen. Mit bunten Crispies Augen ansetzen und mit den Schokokugeln einen Mund andrücken. Kuchenlollis zum Abkühlen und Trocknen in einen Styroporblock o. Ä. stecken.

**Diese Cakepops finden Sie auf Seite 60 abgebildet.**

### Für 16 Cakepops

1 Rührkuchen mit Mohn (350 g)

***Kuchencreme & Garnitur***

80 g Lemoncurd

16 Stück Schokolade mit Karamellkern

rote gebrannte Erdnüsse

bunte Crispies oder Streudekorkonfetti

Schoko-Streuselmix-Kugeln

***Glasur***

3 Pckg. Vanillekuchenglasur (à 100 g)

***Außerdem***

16 Cakepop-Stiele

***Zubereitungszeit***
ca. 45 Min. (plus Wartezeit)

Galaktisch

Gruß aus dem All

# Grüne Marsmännchen-Cakepops

**1** | Kuchen in Stücke schneiden und im Mixer fein zerkleinern. Kekse genauso zerkleinern und mit den Kuchenbröseln mischen. Frischkäse, Orangensaft und -schale verrühren. Kuchenbrösel dazugeben und erst mit einem Teigschaber, dann mit den Händen zu einer glatten Masse untermischen. Masse portionieren. Erst zu Kugeln, dann zu Würfeln formen und kalt stellen (siehe Seite 8f.).

**2** | Inzwischen die Glasur in einer Metallschüssel über einem warmen Wasserbad schmelzen lassen. Aus den Fruchtstreifen mit einem scharfen Messer 30 schmale Streifen für die Münder schneiden.

**3** | Nacheinander die Stiele fingerbreit in die Glasur tauchen, sofort in einen Kuchenwürfel stecken und kurz ruhen lassen. Die Kuchenlollis nacheinander in die Glasur tauchen, vollständig überziehen und kurz abtropfen lassen.

**4** | Sofort auf 2 gegenüberliegenden Seiten je 3 Ringe von den Zuckerketten als Augen andrücken. Darunter je 1 Fruchtstreifen als Mund ansetzen. Je 2 Zebraröllchen als Antennen in die Oberseiten stecken. Kuchenlollis zum Abkühlen und Trocknen in einen Styroporblock o. Ä. stecken.

**Für 15 Cakepops**

1 Marmorkuchen (350 g)

10 Butterkekse (65 g)

***Kuchencreme & Garnitur***

70 g Doppelrahmfrischkäse

1 EL Orangensaft

2 TL fein abgeriebene Bioorangenschale

saure Fruchtstreifen

2 Zuckerhalsketten (mit insgesamt ca. 90 Zuckerringen)

Zebraröllchen

***Glasur***

3 Pckg. Waldmeisterkuchenglasur (à 100 g)

***Außerdem***

15 Cakepop-Stiele

***Zubereitungszeit***
ca. 1:30 Std. (plus Wartezeit)

# Glitzernde Weihnachtskugeln am Stiel

**Für 14 Cakepops**

3 Vanillemuffins (à 90 g)

100 g Spekulatius (oder braune Kuchen)

***Kuchencreme & Garnitur***

60 g Doppelrahmfrischkäse

40 g Karamellbrotaufstrich

100 g weiße Kuvertüre

1 Pckg. grüner Glitzerstreusel (34 g)

rosa Perlmuttperlen

***Glasur***

3 Pckg. Marzipankuchenglasur (à 100 g)

***Außerdem***

14 Cakepop-Stiele

Einwegspritzbeutel

***Zubereitungszeit***

ca. 1 Std. (plus Wartezeit)

**1** | Muffins in Stücke schneiden und im Mixer fein zerkleinern. Spekulatius ebenso zerkleinern. Frischkäse und Karamellaufstrich glatt rühren. Kuchen- und Spekulatiusbrösel dazugeben. Erst mit einem Teigschaber, dann mit den Händen zu einer glatten Masse untermischen. Masse portionieren, zu Kugeln formen und kalt stellen (siehe Seite 8f.).

**2** | Inzwischen die Glasur in einer Metallschüssel über einem warmen Wasserbad schmelzen lassen. Nacheinander die Stiele fingerbreit in die Glasur tauchen, sofort in eine Kuchenkugel stecken und kurz ruhen lassen. Die Kuchenlollis nacheinander in die Glasur tauchen, vollständig überziehen und kurz abtropfen lassen. Zum Abkühlen und Trocknen in einen Styroporblock o. Ä. stecken.

**3** | Kuvertüre mit einem schweren Messer fein hacken, die Hälfte in einer Metallschüssel über einem warmen Wasserbad schmelzen. Schüssel vom Wasserbad nehmen, restliche Kuvertüre unter Rühren darin auflösen. Kuvertüre in einen Einwegspritzbeutel füllen und die Spitze fein abschneiden.

**4** | Die Kuvertüre rundum in einer Zickzacklinie waagerecht auf eine getrocknete Kuchenkugel auftragen, kurz trocknen lassen und sofort mit Glitzerstreusel bestreuen, überschüssige Streusel vorsichtig abschütteln. Mit dem Spritzbeutel Punkte in die Zwischenräume der Linie setzen, Perlen aufsetzen, dazu eventuell eine Pinzette verwenden.

Oh du ...
... fröhliche, kugelige
Weihnachtszeit

Verspielt
Würfel – lecker und sti(e)lvoll

# Schokoladen-Kaffee-Würfel

**1** | Kuchen in Stücke schneiden und im Mixer fein zerkleinern. Frischkäse mit einem Schneebesen glatt rühren. Puderzucker und Espressopulver darauf sieben und unterrühren. Kuchenbrösel erst mit einem Teigschaber, dann mit den Händen zu einer glatten Masse untermischen.

**2** | Masse portionieren und jeweils erst zu Kugeln, dann zu Würfeln formen und kalt stellen (siehe Seite 8f.). Inzwischen die Glasur in einer Metallschüssel über einem warmen Wasserbad schmelzen lassen.

**3** | Nacheinander die Stiele fingerbreit in die Glasur tauchen, sofort in einen Kuchenwürfel stecken und kurz ruhen lassen. Die Kuchenlollis nacheinander in die Glasur tauchen, vollständig überziehen und kurz abtropfen lassen. Kuchenwürfel zum Abkühlen und Trocknen auf ein mit Backpapier ausgelegtes Blech setzen.

**4** | Kuvertüre mit einem schweren Messer fein hacken. Die Hälfte der Kuvertüre in einer Metallschüssel über einem warmen Wasserbad schmelzen. Schüssel vom Wasserbad nehmen und die restliche Kuvertüre unter Rühren darin auflösen. Kuvertüre in einen Einwegspritzbeutel füllen und die Spitze fein abschneiden. Kuchenwürfel mit Punkten wie einen Spielwürfel verzieren und trocknen lassen.

**Tipp** *Für Kinder lassen Sie das Espressopulver einfach weg.*

**Für 18 Cakepops**

1 Schokoladenkuchen (400 g)

***Kuchencreme & Garnitur***

90 g Doppelrahmfrischkäse
30 g Puderzucker
4 TL lösliches Espressopulver
100 g weiße Kuvertüre

***Glasur***

2 Pckg. Vollmilchkuchenglasur (à 100 g)
1 Pckg. dunkle Schokoladenglasur (100 g)

***Außerdem***

18 Cakepop-Stiele
Einwegspritzbeutel

***Zubereitungszeit***
ca. 45 Min. (plus Wartezeit)

3

# DIE CAKEPOP-PARTY

# Mit Cakepops feiern

Klar machen Ihre »Easy Cakepops« als Gastgeschenk eine gute Figur oder stehlen mit ihrem auffallenden Aussehen anderem Gebäck auf einem Kuchenbüfett die Show. Aber wie wäre es mit einer Party, bei der das Selbermachen von Cakepops der Anlass ist? Hier finden Sie eine Schritt-für-Schritt-Anleitung, wie Sie und Ihre Gäste mit den kleinen Kuchen am Stiel eine Menge Spaß haben können.

**Schritt 1**

## Die Idee

Stellen Sie die trendigen »Easy Cakepops« in den Mittelpunkt! Entweder entscheiden Sie sich für eine bunte Mischung unterschiedlicher Cakepop-Rezepte. Oder Sie überlegen sich ein Motto der Party (z. B. »Christbaumkugeln am Stiel« oder »Fröhliche Faschingsparty« usw.). Bitte bedenken Sie, dass die Rezepte in diesem Buch Anregungen sind. Eine Party soll vor allem Spaß machen, Ihre Gäste dürfen hier selbst kreativ werden und müssen sich bei der Dekoration nicht genau an die Rezeptvorschläge halten!

**Tipp** Zum Kennenlernen der fröhlichen Kuchenlollis empfehlen sich ungefüllte Cakepops. Bei der Dekoration darf die Fantasie grenzenlos sein. Beziehen Sie in Ihre Überlegungen mit ein, wie viele Gäste Sie einladen möchten, denn die Cakepop-Fertigung braucht Platz! Entscheiden Sie sich am besten für ein bis maximal zwei Rezepte pro Person. Bei der Auswahl der Rezepte sollten Sie natürlich auch daran denken, ob Kinder bei der Party dabei sein sollen, oder ob Sie beispielsweise einen Kindergeburtstag feiern wollen. In diesem Fall reicht ein Rezept meist für zwei oder drei kleine Cakepop-Produzenten.

**Schritt 2**

## Die Einladung

Laden Sie Ihre Gäste rechtzeitig ein! Schon als Einladungskarte können Sie einen einfach verzierten und verpackten Cakepop überreichen, Verpackungsideen finden Sie ab Seite 90. Oder Sie kopieren in einem Copyshop ein Bild aus dem Buch und schreiben alles Wichtige auf die Rückseite. Es steigert die Vorfreude Ihrer Gäste und erleichtert die Vorbereitungen, wenn Sie sie bitten, unterschiedliche Dekorationszutaten für die Cakepops mitzubringen.

**Tipp 1** Um Doppelungen zu vermeiden, dürfen Sie ruhig genau sein und aufschreiben, wer welches Dekomaterial mitbringen soll.

**Tipp 2** Hilfreich ist es, wenn Sie Ihre Gäste darauf aufmerksam machen, eine Dose mitzubringen, in der sie ihre selbst gemachten Kuchenlollis nach der Party wohlbehalten nach Hause transportieren können.

**Schritt 3**
## Der Einkauf

Erstellen Sie anhand Ihrer ausgewählten Rezepte eine Einkaufsliste. Und überlegen Sie, welche Zutaten Sie wo kaufen können, denn Supermärkte haben besonders in Bezug auf Dekozutaten oft unterschiedliche Sortimente. Mein Tipp: Ausgefallene Dekorationen finden Sie im Internet. Hier ist die Auswahl nahezu unbegrenzt, bedenken Sie aber die Lieferzeiten!
Nach dem Lebensmitteleinkauf können Sie im Baumarkt, Bastelladen oder Papierhandel Aufstellhilfen (z. B. Styroporblock, siehe Seite 12) und weitere Dekoutensilien sowie Verpackungsmaterial besorgen.
**Tipp** Schaffen Sie beizeiten ausreichend Platz in Ihrem Kühlschrank und eventuell im Tiefkühler, damit Sie die gerollten Cakepop-Rohlinge kühlen können.

**Schritt 4**
## Die Vorbereitung

Spätestens zu diesem Zeitpunkt sollten Sie sich entschieden haben, ob Sie die gesamte Cakepop-Fertigung während der Party machen möchten oder ob Sie eine reine Dekoparty veranstalten wollen, auf der bereits von Ihnen vorgefertigte Kuchenkugeln von Ihren Gästen glasiert und dekoriert werden sollen.
In diesem Fall ist es für Sie entspannend, die Kuchenkugeln bereits am Vorabend zu rollen und abgedeckt über Nacht zu kühlen. Mein Tipp: Bei niedrigen Außentemperaturen können Sie die frisch gerollten Kuchenkugeln auch abgedeckt auf dem Balkon oder der Terrasse kühlen. Am Tag der Party stellen Sie alles weitere Nötige bereit, und die Cakepop-Party kann beginnen.
Für eine Fertigungsparty sind weniger Vorbereitungen zu treffen: Hier brauchen Sie alle Zutaten und die benötigten Hilfsmittel einfach nur bereitzustellen. Insgesamt ist eine solche Party dennoch ein wenig aufwendiger, weil Sie und Ihre Gäste während der Cakepop-Produktion mehr in die Vorbereitungen (z. B. Abwiegen der Zutaten) und Nachbereitungen (z. B. Abwasch

*In fröhlicher Runde: Cakepops gut aufgestellt! Da greift jeder gerne zu.*

von wieder benötigten Schüsseln) eingebunden sind. Aber auch das kann gemeinsam richtig Spaß machen!

**Schritt 5**

## Die Party geht los

Nach einer kurzen Einweisung lassen Sie die Kugeln rollen! Besonders kommunikativ ist es, wenn Sie Ihre Gäste in kleinen Teams arbeiten lassen. Und um bei der Cakepop-Herstellung möglichst viel Arbeitsplatz zur Verfügung zu haben, ist es sinnvoll, diesen räumlich zu verteilen, beispielsweise indem Sie anhand der Rezepte den einzelnen Arbeitsschritten verschiedene Stationen zuordnen (z. B. Kuchen zerkleinern, Cakepop-Masse portionieren usw.). Das Rollen der Kuchenkugeln und später das Dekorieren der glasierten Kuchenlollis machen in gemeinsamer Runde, z. B. an einem großen Tisch, besonders viel Spaß.

**Schritt 6**

## Eine Pause muss sein!

Während die Kuchenkugeln kühlen oder die dekorierten Cakepops trocknen, können Sie sich und Ihren Gästen die Möglichkeit geben, sich mit einem pikanten Imbiss zu stärken.
Mein Tipp: eine leckere Suppe, die sich gut im Voraus zubereiten und entsprechend der Anzahl der Gäste vervielfachen lässt – »Tomatensuppe mit Orangenaroma« (siehe Seite 87). Servieren Sie dazu eine der beiden »Kleinstiel-Cakepops«-Varianten (siehe Seite 84/85).

**Schritt 7**

## Endlich Cakepops!

Nach dieser kulinarischen Arbeitspause sollte Ihre Cakepop-Party ihrem Höhepunkt zustreben: Es geht ans Vernaschen der selbst gefertigten Kuchenlollis. Mein Tipp: Machen Sie Fotos, denn die sind eine tolle Erinnerung. Auch Sie als Gastgeber dürfen sich über die köstlichen Kreationen freuen und in fröhlicher Runde die bunten Minikuchen ganz sti(e)lvoll genießen.

**Tipp** Halten Sie für alle Kuchenlollis, die Ihre Cakepop-Party »überlebt« haben, unbedingt Polstermaterial (z. B. Küchenkrepp und Butterbrotpapier) für Schachteln und Dosen bereit, damit die Cakepops von Ihren Gästen sicher verpackt nach Hause transportiert werden können.

## »Sagt mal, wo kommt ihr denn her …?«
## Was Sie schon immer über Cakepops wissen wollten

Seit fleißige Konditoren Kuchen backen, haben sie auch Kuchenreste, die zum Wegwerfen zu schade sind. Deswegen ersannen findige Zuckerbäcker das Vorgängermodell aller Cakepops: die Rumkugel, ein Konfekt aus Teigresten, Nüssen oder Mandeln und Kakao, das sich wegen seines aromatischen Bestandteils, dem Rum, auf Großmutters Kaffeetafel und in Cafés großer Beliebtheit erfreute. Das kugelrund geformte Naschwerk wurde nach Belieben mit Kuvertüre überzogen und abschließend sorgfältig in Schokoladenstreuseln gerollt. Da diese traditionelle Leckerei ein wenig in die Jahre gekommen war, die Kuchenreste aber immer noch auf eine Weiterverwertung warteten, wurden Cakepops erfunden.

Als Mutter der Cakepops gilt die Amerikanerin Angie Dudley, die unter dem Namen »bakerella« im Januar 2008 auf ihrem Internetblog bakerella.com das erste Mal rosafarbene Minikuchen am Stiel postete. Eigentlich hatte sie Kuchenbällchen formen wollen, gab den Kuchen (engl. Cake) aber einen Stiel (engl. Lollipop-Stick), brachte damit die kleinen Stielkuchen ins Rollen und kreierte, indem sie die englischen Bezeichnungen zusammenfügte, auch deren Namen »Cakepops«.

**Sti(e)lvoll**
**Zur Geschichte der Cakepops**

In Windeseile verbreitete sich die Idee der kreativ bunt verzierten Süßigkeit über das weltweite Netzwerk: Bakerellas Rezeptbuch stand wochenlang auf der Bestsellerliste der New York Times, Cakepops überholten die Modegebäcke Muffins und Cupcakes und wurden zum Trendgebäck mit Sti(e)l.

In dem einmal aufgenommenen rasanten Tempo erobern Cakepops nun nicht nur unsere Backstuben, sondern werden auch zum Hingucker bei jeder Party und bei jedem Treffen, zu dem man sie mitbringt. Und: Weil sie so klein sind, sind sie perfekt als süßes Fingerfood!

# »Kleinstiel-Cakepops« mit Tortillachips

**Für 24 Stück**

40 g Ciabattabrot
125 g Tortillachips
250 g Doppelrahmfrischkäse
2 TL fein abgeriebene Biozitronenschale
3 EL Schnittlauchröllchen
Salz und Pfeffer
24 Zahnstocher

***Zubereitungszeit***
ca. 20 Min.

**1** | Ciabatta im Mixer fein zerkleinern. Tortillachips in einen Gefrierbeutel geben und mit einem Nudelholz oder einem Stieltopf nicht zu fein zerkleinern. Sehr feine Bestandteile mit einem groben Sieb abtrennen und mit den Ciabattabröseln mischen. Grobe Brösel in einen tiefen Teller geben und beiseitestellen.

**2** | Frischkäse mit den Quirlen des Handrührers glatt rühren. Zitronenschale, Schnittlauch und Ciabattabrösel unterrühren, leicht salzen und pfeffern.

**3** | Mit angefeuchteten Händen aus der Masse 24 walnussgroße Bällchen rollen, auf einen Teller legen und abgedeckt kalt stellen. Cakepops kurz vor dem Servieren nacheinander in den Tortillabröseln wälzen, mit je 1 Hölzchen versehen und zur Tomatensuppe (siehe Seite 87) servieren.

**Diese Cakepops finden Sie auf Seite 86 abgebildet.**

Knusprig
Vegetarisch

# »Kleinstiel-Cakepops« mit Rinderhack

**1** | Mais in einem Sieb abtropfen lassen. Ciabatta im Mixer fein zerkleinern. Rinderhack in einer Schüssel mit Eigelb, Senf, Thymian, Ciabattabröseln und je etwas Salz und Pfeffer mit den Händen mischen. Mais dazugeben und unterkneten.

**2** | Mit leicht geölten Händen aus der Masse 20 walnussgroße Bällchen rollen und auf einen Teller legen. Öl in einer beschichteten Pfanne erhitzen. Bällchen darin bei mittlerer Hitze 8 bis 10 Minuten rundum goldbraun braten, Pfanne dabei gelegentlich schwenken.

**3** | Die Bällchen auf Küchenpapier entfetten, abkühlen lassen und kalt stellen. Cakepops kurz vor dem Servieren mit je 1 Hölzchen versehen und zur Tomatensuppe (siehe Seite 87) servieren.

**Diese Cakepops finden Sie auf Seite 86 abgebildet.**

**Für 20 Stück**

1 kleine Dose Mais (212 ml)
40 g Ciabattabrot
250 g Rinderhackfleisch
1 Eigelb (Kl. M)
2 TL mittelscharfer Senf
1 TL getrockneter Thymian
Salz und Pfeffer
2 EL Öl
20 Zahnstocher

***Zubereitungszeit***
ca. 20 Min.

Saftig
Gut vorzubereiten

Imbiss
Für Ihre Gäste

# Tomatensuppe mit Orangenaroma

**1** | Ciabatta im Mixer fein zerkleinern. Zwiebel und Knoblauch abziehen, Zwiebel fein würfeln, Knoblauch fein hacken. Öl in einem mittelgroßen Topf erhitzen, Zwiebel darin bei mittlerer Hitze unter Rühren glasig dünsten. Knoblauch kurz mitdünsten, mit Zucker bestreuen und diesen schmelzen lassen. Paprikapulver unterrühren.

**2** | Tomaten und Ciabattabrösel unterrühren. Orangensaft, Brühe und Tomatensaft dazugeben, salzen und pfeffern. Zugedeckt aufkochen und bei milder Hitze 10 Minuten kochen lassen. Suppe mit einem Schneidstab oder im Mixer fein pürieren, abkühlen lassen und bis zum Servieren kalt stellen.

**3** | Tomatensuppe kurz vor dem Servieren unter Rühren wieder erhitzen und die Orangenschale unterrühren. Basilikumblättchen von den Stielen zupfen und fein schneiden. Die Suppe portionsweise in tiefen Tellern mit Basilikum bestreut anrichten. Mit einer der beiden »Kleinstiel-Cakepops«-Varianten (siehe Seite 84/85) servieren.

**Tipps** *Wenn Ihre Gäste gerne scharf essen, servieren Sie getrocknete Chiliflocken zum Bestreuen zur Suppe.*
*Für 8 Personen lassen sich die Suppenzutaten leicht verdoppeln und beide »Kleinstiel-Cakepops«-Varianten dazu reichen.*

**Für 4 Portionen**

50 g Ciabattabrot
1 kleine Zwiebel
1 Knoblauchzehe
2 EL Olivenöl
1 gestrichener TL Zucker
2 TL edelsüßes Paprikapulver
2 Dosen stückige Tomaten (à 400 g)
150 ml Orangensaft
200 ml Gemüsebrühe
500 ml Tomatensaft
Salz und Pfeffer
2 TL fein abgeriebene Bioorangenschale
3 Stiele Basilikum

***Zubereitungszeit***
**ca. 35 Min.**

# VERZIEREN, VERPACKEN, VERSCHENKEN

# Fantasievoll in Szene setzen

Ihre »Easy Cakepops« sind an sich schon eine reine Freude für aller Augen, und zudem schmecken sie auch noch toll. Sie haben Ihre Cakepops fertiggestellt und fragen sich nun, wie Sie Ihre Kreationen effektvoll präsentieren, weiter verzieren und verpacken können? Hier finden Sie viele Ideen, wie sich auch das ganz leicht realisieren lässt.

**Very easy**

## Schleifenband & Trinkhalme

Hier sind es wirklich die einfachsten Dinge, die Eindruck machen: Mit feinem einfarbigem oder buntem Schleifenband in zur Deko passenden Farbe(n) können Sie Ihre Stielkuchen effektvoll ausstaffieren, indem Sie sie über oder unter den Cakepop binden.

**Dekoidee** Zusätzlich können Sie mit der Schleife kleine Botschaften (z. B. »Herzlichen Glückwunsch«, »Frohe Weihnachten«) am Cakepop-Stiel anbringen.

Wenn Sie schlichte Schaschlikspieße als Cakepop-Stiele verwenden, können Sie mit bunten Trinkhalmen Farbe ins Spiel bringen: Bevor die Glasur vollkommen ausgehärtet ist, schneiden Sie die Halme einfach mit einer Schere in die entsprechende Länge und schieben diese auf dem Stiel nach oben. Dort stecken Sie sie vorsichtig mit wenig Druck in den Cakepop.

**Eingesteckt**

## Steckmasse & Knetgummi

Im Bastelbedarf oder Baumarkt gibt es quaderförmige Steckmasse. Die Steckmasse lässt sich mit einem Sägemesser ganz leicht in Würfel oder kleinere Quader zerschneiden. Diese Blöcke können Sie in farbiges Geschenkpapier wickeln und dieses mit buntem Klebeband fixieren und dekorieren.

**Tipp** Weniger ist mehr! Wählen Sie schlichtes Papier, denn so lenken Sie das Augenmerk auf Ihre Cakepops. Die Löcher für Ihre Cakepops am besten mit einem feinen Hölzchen direkt durch das Papier vorbohren, bevor Sie die Cakepops in den Block stecken. Den Steckmasseblock können Sie auch (eventuell zugeschnitten) in eine passende (Kastenkuchen-)Form geben, dekorativ abdecken (z. B. mit farbiger Dekorholzwolle aus dem Bastelbedarf) und die Kuchenlollis hineinstecken. Besonders attraktiv sieht es dabei aus, wenn die Cakepop-Stiele unterschiedliche Längen haben.

**Dekoidee** Bunter Osterkorb: Geben Sie in ein hohes Körbchen Steckmasse und bedecken Sie dieses mit einer Lage Ostergras (farbig oder natur). Abschließend stecken Sie Ihre Osterei-Cakepops (siehe Seite 39 oder 59) hinein. Sehr originell wird das Ganze auch mit einem Zitronenhäschen (siehe Seite 66) dazwischen.

Besonders charmant sehen Cakepops aus, wenn sie in kleinen Vasen, Töpfchen oder Gläsern stehen. Diese können Sie z. B. mit (farbigem) Zucker, Kaffeebohnen, gehackten Nüssen oder roten Linsen füllen. Damit Sie die Cakepops in unterschiedliche Positionen bringen können, diese jedoch in den Gefäßen nicht ihren Halt verlieren, empfiehlt es sich, zuvor etwas Knetgummi hineinzudrücken und dieses mit Frischhaltefolie abzudecken. Dann die Cakepops auf dem Tisch oder Kuchenbüfett verteilen.

**Dekoidee** Kombinieren Sie Ihre Cakepops mit einem Kräutertöpfchen oder Gesteck: So können Sie z. B. ein Töpfchen frische Minze mit Ihren Pfefferminz-Cakepops (siehe Seite 42) herausputzen. Oder Sie platzieren Ihre Weihnachtskugel-Cakepops (siehe Seite 74) in einem weihnachtlichen Gesteck für Ihre Kaffeetafel.

**Eingepackt**

## Schachteln & Papiermanschetten

Auch Deckel von bunten Pappschachteln (z. B. aus Schreibwarenläden oder Papierwarenabteilungen von Kaufhäusern) können Sie durchbohren, um Ihre Cakepops hineinzustellen. Die Kuchenlollis stehen besser darin, wenn Sie zuvor etwas geknülltes Papier in dem Karton verteilen.

Wenn Sie Cakepops liegend kreativ verpacken möchten, legen Sie eine Schachtel zunächst mit einer Polsterung aus leicht geknülltem buntem Seidenpapier aus, bevor Sie Ihre Stielkuchen hineinlegen. Besonders geeignet sind hier Kartons mit Sichtfenster.

**Dekoidee** Gefüllte Schachteln ohne Deckel wickeln Sie in Zellophan (auch toll: Bratschlauch) und binden mit Schleifenband beidseitig die Enden wie bei einem Bonbon ab.

Auch für Cakepops sehr dekorativ sind Muffinmanschetten aus Papier in unterschiedlichen Farben und Größen. Sie bekommen sie im Supermarkt, im Küchenbedarf oder via Internet. Mit den größeren Manschetten lassen sich schnell und einfach farbige Akzente setzen, indem Sie Cakepops (so wie auf dem Cover gezeigt) mit dem Stiel nach oben in die Manschette setzen.

**Dekoidee** In eine kleine Muffinmanschette bohren Sie mittig ein kleines Loch und schieben die Papierform auf dem Stiel bis unter den Cakepop.

**Eingehüllt**

## Tüten, Folie & Spitze

Ebenfalls im Schreibwarenhandel finden Sie verschiedene Beutel und Klarsichtfolien, mit denen Sie Ihre Kuchenlollis transparent einwickeln können.

Um Cakepops in Bodenbeuteln zu verpacken, können Sie dem Cakepop ein Stück zugeschnittene Pappe unterlegen. Reizvoll sieht es aus, wenn Sie die einzelnen Cakepops mit einer kleinen Tortenspitze oder einer Muffinmanschette in den Beutel geben und ihn dann zubinden.

**Dekoidee** Bohren Sie mittig ein kleines Loch in eine Minitortenspitze und schieben Sie diese blütenartig unter einen Kuchen am Stiel. Abschließend den »Blütenschaft« mit transparentem oder farbigem Klebeband fixieren. Einfache Klarsichttüten stülpen Sie von oben über den Cakepop und binden ihn mit Schleifenband (oder farbigem Küchengarn) an den Stiel. Klarsichtfolie (oder auch Bratschlauch) kann man einfach in Quadrate (ca. 14 mal 14 Zentimeter) schneiden und die Cakepops darin ebenso verpacken.

**Alles Gute!**

## Kerzenkuchen & Namensschild

Für kleine Geburtstagskuchen mit Kerzenschein benutzen Sie einfach Minikerzen (aus dem Backregal im Supermarkt) statt Stiele. Achten Sie darauf, dass Sie die Kerzen gerade in die Kugeln stecken und Sie den Cakepops je einen ebenen Fuß geben, damit die Kerzen nicht tropfen (Vorgehensweise siehe Rezept Seite 23).

**Tipp** Wählen Sie den Teller, auf dem die Kuchen stehen sollen, nicht zu klein.

**Dekoidee** Mit passend zugeschnittenen Papierstreifen und Namen, die Sie direkt an den Cakepop-Stiel kleben können, gestalten Sie Namensschilder für Ihren festlich gedeckten Tisch. Wenn Sie den Cakepop zusätzlich verpacken (siehe oben), erhält jeder Gast ein individuelles Erinnerungsstück.

**Ausgestochen**

## Dekorieren mit Marzipan

Im gut sortierten Supermarkt können Sie Dekormarzipan in verschiedenen Farben kaufen. Daraus können Sie z. B. mithilfe von kleinen Ausstechern Ihre Dekorationsmotive ausstechen: Marzipan zwischen zwei Folien (z. B. in einem aufgeschnittenen Gefrierbeutel oder nach Packungsanweisung) etwa 2 Millimeter dünn ausrollen. Obere Folie abziehen, Motive ausstechen und bis zur Verwendung locker mit Folie abdecken.

**Tipp** Achten Sie darauf, dass Ihre Ausstecher nicht zu filigran gewählt sind, damit das Marzipan nicht darin hängen bleibt.

**Allrounder**

## Cakepops rund ums Jahr

Kuchenlollis eignen sich eigentlich für alle Anlässe. Ein paar Beispiele: Suchen Sie sich Ihren Lieblings-Cakepop heraus und glasieren Sie ihn. Zum neuen Jahr können Sie Ihre Cakepops einfach mit bunten Zuckerstreuseln verzieren. Zusätzlich können Sie oben Schokoladenziffern (aus dem Backregal im Supermarkt) auf die Cakepops stecken.

Zu Karneval und Fasching können Sie die Cakepops üppig mit Dekorkonfetti verzieren. Fixieren Sie die Cakepops einzeln oder zu mehreren in Gläsern o. Ä. und füllen Sie diese mit Papierkonfetti oder Luftschlangen.

Zum Valentinstag können Sie rosa glasierte Cakepops mit Zuckerdekorrosen verzieren. Dazu fixieren Sie drei Cakepops mit Blumendraht zu einem Ministrauß und binden Sie nach Belieben frische Röschen dazwischen. Über den Draht binden Sie eine passende Schleife und verschenken den Strauß an Ihre Liebe.

Schön bunt
Palette von (Streu-)
Dekor

# Rezeptregister

## Über den Autor

**Kay-Henner Menge** hat sein Hobby Kochen & Backen & Garnieren zum Beruf gemacht. Der Diplom-Oecotrophologe arbeitet hauptberuflich als kochender Redakteur und Foodstylist für verschiedene Magazine in einem großen deutschen Zeitschriftenverlag. Der Autor ist Mitglied im »Food Editors Club Deutschland« und schreibt in seiner Freizeit Kochbücher zu unterschiedlichen Themen. Sein erstes Cakepops-Buch, ebenfalls bei Südwest erschienen, wurde 2013 mit dem »World Cookbook Award« ausgezeichnet. Für das jetzt vorliegende zweite Cakepops-Buch rollten wieder unzählige Kuchenkugeln durch seine Küche, und jede von ihnen wurde mit individuellem Sti(e)l verziert.

## Bezugsquellen für Formen, Zutaten & Deko

Internetadressen für Glasuren, Dekomaterial, Cakepops-Formen und mehr:

www.pickerd.de
www.hobbybaecker.de
www.der-ideen-shop.de
www.meincupcake.de
www.guenthart.de
www.pati-versand.de
www.cake-pops.de
www.tolletorten.com
www.gutecupcakes-shop.at

Viel Spaß beim Stöbern auf diesen Seiten und Ausprobieren!

# *Über dieses Buch*

1. Auflage 2014


## Hinweis

Die Ratschläge/Informationen in diesem Buch sind von Autor und Verlag sorgfältig erwogen und geprüft. Dennoch kann eine Garantie nicht übernommen werden. Eine Haftung des Autors bzw. des Verlags und seiner Beauftragten für Personen-, Sach- und Vermögensschäden ist ausgeschlossen.

Der Verlag weist ausdrücklich darauf hin, dass bei Links im Buch zum Zeitpunkt der Linksetzung keine illegalen Inhalte auf den verlinkten Seiten erkennbar waren. Auf die aktuelle und zukünftige Gestaltung, die Inhalte oder die Urheberschaft der verlinkten Seiten hat der Verlag keinerlei Einfluss. Deshalb distanziert sich der Verlag hiermit ausdrücklich von allen Inhalten der verlinkten Seiten, die nach der Linksetzung verändert wurden, und übernimmt für diese keine Haftung.

## Bildnachweis

**Foodfotos und Requisitenstyling** Maike Jessen, www.maikejessen.de
**Foodstyling** Nicole Reymann
Foto S. 81: Istockphoto/Svetlana Braun

## Impressum

**Redaktionsleitung** Silke Kirsch
**Projektleitung** Sonya Mayer
**Layout, DTP, Gesamtproducing** Grafikdesign Hansen – Jan-Dirk Hansen
**Redaktion** Nicola von Otto, München
**Bildredaktion** Tanja Zielezniak
**Korrektorat** Susanne Langer
**Einbandgestaltung** Norbert Pautner, Berlin
**Reproduktion** Regg Media GmbH, München
**Druck und Verarbeitung** Alcione, Lavis (Trento)

Printed in Italy

MIX
Papier aus verantwortungsvollen Quellen
FSC® C021956
FSC www.fsc.org

Verlagsgruppe Random House FSC® N001967
Das für dieses Buch verwendete FSC®-zertifizierte Papier *Profisilk* liefert Sappi Stockstadt.

ISBN 978-3-517-09296-6